世界一やさしい
会計
の教科書1年生

登川雄太

ソーテック社

■ 会計の世界へようこそ！

はじめまして！　著者の登川雄太と申します。

今日から会計の勉強が始まりますね！

本書を手に取られたということは、

●**会計に興味があるから、勉強をしてみたい**

●**仕事や将来のために、会計知識を身につけたい**

●**簿記や会計を勉強したことはあるけれど、よくわからなかった**

のいずれかに当てはまるのではないでしょうか？

本書はそのような方を対象としていますので、きっとお役に立てるはずです。

一般的に、「会計の勉強」＝「難しくて、つまらない」というイメージが浸透してしまっています。

本書は、そんな負のイメージを打破するべく書きました。

本書を読んだ皆様に、「会計を勉強してみたら、**よくわかって、楽しかった！**」という感想を抱いてもらえれば至上の喜びです。

■ 財務会計を学ぼう！

会計は、とても裾野が広い学問です。一口に会計といっても、

●**財務会計**

●**管理会計**

●**税務会計**

と、いくつかの分野に分かれています。このうち、本書で取り扱うのは、**「財務会計」**です。つまり、本書は財務会計に特化した１冊です。

「管理会計に興味があるのに…」という方もご安心ください。なぜなら、財務会計は、管理会計や税務会計を理解するうえでのベースだから

です。管理会計を勉強したいという方にとっても、まず本書で財務会計を学ぶことが近道になるはずです。

そのような意味で、本書は会計の入門書といえるでしょう。

■ 本書では財務会計の考え方を根本から学べます！

財務会計の分野で書店で多く見かけるのは、「決算書の読み方」的な本です（専門的には、「財務諸表分析」といいます）。

本書はそのような本とは、趣向を変えております。

目指したのは、**「考え方からちゃんと伝える」**という点です。

勉強するうえで大事なのは、「学んだ内容を自分のものにする」ことです。

会計に限らず、表面的な知識やテクニックを知るだけでは、自分のものにはなりません。必要なのは、「本質を学ぶ」ことです。

本書ではその点を重視し**「考え方からちゃんと説明すること」**、そして、**「それをわかりやすく解説すること」**を心がけました。

もちろん、財務諸表分析についても説明しますので、その点はご安心ください。

また、私は「会計をわかりやすく、丁寧に説明する」をコンセプトにしたWEBサイト「会計ノーツ」を運営しています。

会計ノーツでは、オリジナルキャラクターの「ボブ」と一緒に、会計を学んでいくのですが、本書にボブを招待しました。ぜひ、仲良く一緒に学んでもらえればと思います。

よろしくね！

■ 本書を読み進めるにあたって

詳しくは1時限目で説明しますが、会計を学ぶにあたって、下記の形を覚えることがとても重要です。

● 財務諸表（損益計算書と貸借対照表）

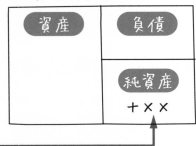

本書でも、この形がわかっている前提で話が進んでいきます。

とはいっても、すぐに覚えることは難しいです。そこで、もしこの形を確認したくなった場合には、**その都度、このページに戻る**ようにしてください。

本文を読みながら、ページを行き来していくなかで、きっとこの形を覚えることができるようになるでしょう。

さあ、本書が会計の世界への第一歩です！
ぜひ楽しみながら、学んでもらえればと思います。

Cover Design & Illustration…Yutaka Uetake

目次

簿記ってなんだ？　簿記の基本である仕訳をマスターしよう！

利益って何？ 会計の考え方を学ぼう

会計用語をおさえて、ニュース を深掘りできるようにしよう！

8 時限目 投資にも役立つ！ 会社の 財務諸表を分析してみよう！

0時限目 会計と株式会社、財務諸表を知ろう

0限目では、会計とは何か、そもそも株式会社とは何かについて、やさしく説明していきます。

01 会計って、そもそも何？

1 会計とは記録すること

さあ、今日から会計の勉強が始まります！

ところで、そもそも会計って何なのでしょうか？　ボブは会計と聞いて、何をイメージしますか？

うーん、レストランで「お会計はテーブルでお願いします」って書いてあるのを見たことがあるなあ。だから、「会計はお金を払うこと」かな！

そうですね。身近では、買い物する際に「お会計する」といいますね。確かに、日常用語で会計は「代金を払うこと」という意味で使われています。

しかし、今日から勉強するのは**ビジネスにおける会計**であり、いわゆる会計学です。そのため、日常用語の会計とは意味が違うのです。ビジネスにおける会計を一言でいえば**「記録すること」**です。

記録すること...？

会計って、記録することです。
より近い言葉はビジネス用語の見える化です。
これからビジネスにおける会計を勉強しましょう！

10

2　会計は身近なところにある

会計は身近なところにあります。

典型例は、おこづかい帳です。子どもの頃におこづかい帳をつけていた人も多いのではないでしょうか?

 うん、僕もつけてたよ

それなら、もうボブは立派な会計の経験者です!　おこづかい帳には、おこづかいをもらったら収入として記録し、使ったら支出として記録しますよね。

おこづかいを記録しているので、これは会計行為なのです。

 ってことは、家計簿なんかも会計の一種ってことだね

そのとおりです。このように、会計は身近にありますし、多くの方にとって馴染みのあるものです。**会計は「お会計すること」ではなく、「記録すること」**という点をおさえておきましょう。

● お金の動きを記録して見える化するのが「会計」

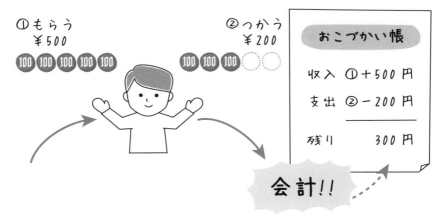

3 おこづかい帳の先にある企業会計

　おこづかい帳を会社規模まで拡大したのが、今日から勉強する会計です。

　ビジネスにおける会計は、会社（企業）を中心に考えていくので**「企業会計」**といわれます。

　おこづかい帳で記録することは、「おこづかいをもらう、使う」というシンプルなものしかありません。対して、**企業会計では会社が行う取引をすべて記録する**ので、おこづかい帳よりは複雑になります。

 なんだか難しそうだな〜。

　そんな心配はいりません。

　企業会計も「会計」という意味では、おこづかい帳と同じです。「おこづかい帳が難しい…」と感じる人はいないでしょう。

　企業会計はおこづかい帳より複雑になりますが、**その本質はシンプルです**。本書を読んでもらえれば、必ず理解できますので、どうぞ安心してください。

おこづかい帳の延長線上にあるのが企業会計です。決して難しいものではありません。

02　企業会計の特徴を知ろう！ ―おこづかい帳と比較

　まず、「**企業会計はシンプル**」ってことを知ってもらうために、企業会計とおこづかい帳の共通点を取り上げていきます。この共通点は、そのまま企業会計の前提ともいえる大きな特徴なので、ちゃんと理解しましょう。

1　[特徴 1]　記録したものは報告する

　おこづかい帳は、単に記録するだけでなく、その記録をご両親に報告していた方も多いのではないでしょうか？

うん！　無駄づかいしてないことを示すために、ちゃんと報告してたよ。

　ご両親からおこづかいをもらう以上、「どれくらい使ったのか？」や「おこづかいの残高はいくらか？」といったことは、ご両親に報告すべきですよね。

　この点は会社も同じです。会社も記録したものを報告します。ただ、その相手が**「利害関係者」**という点が特徴的なところです。

利害関係者に報告？　利害関係者って誰？

　利害関係者というのは、その**会社と利害関係にある人や会社**のことです。簡単にいえば、会社が儲かると得をして、儲からないと損する人たちのことをいいます。具体的には、銀行や株主が一番の代表例です。

　会社にお金を貸している銀行は、その会社が倒産してしまうと、貸したお金が返って来なくなるので損をしちゃいます。

また、その会社の株式を買った株主は、株価が上がると得をし、下がると損をします。

　他にも、その会社の経営者や従業員、あとは会社の取引先も利害関係者です。

確かに、従業員からすれば自分の会社が倒産すると困るから、利害関係者なのか。

　このように、会社には多くの利害関係者がいる点が特徴です。

　利害関係者は、その会社が倒産しないかどうか？　ちゃんと儲かっているのか？　今後もっと儲かりそうか？　など、その会社に興味津々です。そのため、会社はこの点についてちゃんと報告をするのです。

おこづかい帳でいえば、親が利害関係者っていうことかな。おこづかい帳と企業会計ではスケールが違いすぎるけど、報告しなきゃいけないっていう点では同じなんだね。

　そうですね。ただ、おこづかい帳と違う点があります。それは、記録自体を報告するのではなく、記録を **「財務諸表」** という書類にまとめたうえで、報告するという点です。

ざ、財務諸表…？

　はい、財務諸表です。いまの段階では、**財務諸表は会社の成績表**のようなものと思ってください。会社が行う取引数は膨大であるため、その記録自体を報告しても利害関係者はよくわかりません。

　そのため、理解しやすいよう財務諸表という成績表にまとめるのです。

● 会社は財務諸表を使って報告する

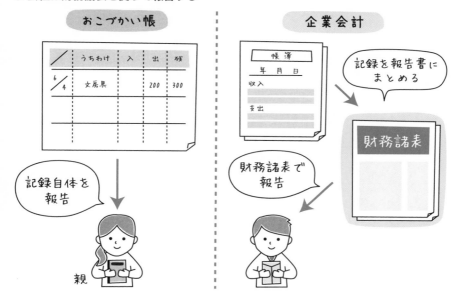

　財務諸表は会社の成績表なので、その会社がいくら儲かったかなどが
わかりやすく書いてあります。大きな会社であれば、基本的に財務諸表
を作成しています。

　企業会計（財務会計）の目的は、この財務諸表を作ることです。いち
ばん初めに、「会計は記録すること」と説明しましたが、正しい理解と
しては**「記録し、財務諸表を使って成績を報告すること」**です。

　ちなみに、企業会計には「財務会計」と「管理会計」の２つがありま
す。

- **財務会計：株主など、社外の利害関係者に報告することが目的**
- **管理会計：社長や管理職など、社内に報告することが目的**

　本書では、財務会計について扱っていきます。

決算書は財務諸表の別名

ニュースなどで、「決算書」という言葉を聞いたことはありませんか？

決算書は財務諸表の別名みたいなものです。一般的には決算書という言葉が使われることが多い気がしますが、正しくは財務諸表なので、本書では、財務諸表という言葉を使っていきますね。

2　　特徴2　**期間を区切る**

おこづかい帳は、1ヶ月を一区切りにすることが一般的だと思います。

 　1ヶ月に1回、おこづかい帳を親に見せてたよ。

そうですね。一方、会社の場合は**「1年に1回が一区切り」**と考えて、そのタイミングで財務諸表を作成します。この1年間のことを**「会計期間」**と呼びます。

会計期間の始まりをいつからにするかは、**会社が自由に決められます。**1月始まりでも、2月始まりでも構いません。

ただ、学校がそうであるように、日本は文化的に4月始まりの国です。そのため、**日本企業（特に大企業）の多くは4月1日〜3月31日を会計期間としています。**

ちなみに、財務諸表を作成することを「決算」というので、4月〜3月を会計期間としている会社を「3月決算の会社」といいます。

とりあえず、**「1年に1回財務諸表を作成する」**という点をおさえておきましょう。

● **3月決算の場合の会計期間**

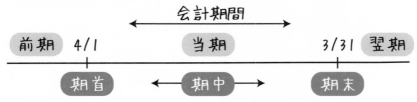

16

会計期間を表す基本用語

当期；いまの会計期間
前期；当期の1つ前の会計期間
翌期；当期の1つ後の会計期間（別名、次期）
期首；会計期間の始まり
期末；会計期間の終わり（別名、決算日）
期中；期首と期末の間

3　特徴3　金額で捉える

　おこづかいを500円もらったら、＋500円と記録し、300円使ったら−300円と記録しますよね。このように、おこづかい帳は金額に注目して記録するという特徴を持っています。

　この点は財務会計も同じです。**どんな取引であっても、記録は金額で**行います。

　例えば、100万円の自動車を5台購入した場合、「自動車を500万円で購入」と記録します。逆にいえば、「自動車を5台保有している」とは記録しません。

財務諸表には金額以外のことが載っていないということか。車両を何台保有しているかも知りたいと思うけど。

　確かに、もし財務諸表に金額だけでなく台数も書いてあった方が、よりその会社のことがわかりますよね。それなら、台数だけでなく車種も載せるのもいいかもしれませんね。

あ、それもいいかも！

あとは、その会社の趣味がわかるように、車の色もあった方が良さそうですね。

うーん、色は必要かな〜。いらない気がするけど…。

じゃあ、何月何日にどこで買ったのか？　という情報はどうでしょう…。

キリがないのでこのへんでやめておきますね。このように、「自動車を保有している」という情報を載せるにしても、何の情報を載せ、何の情報は載せないのか？　というのは、考えていくと切りがないうえ、判断が難しい問題なのです。

この点について、財務会計ではシンプルに結論を出しています。それは、**「載せる情報は金額のみ」**です。

色々な情報が載っていた方が良さそうに思えますが、情報が多すぎると逆にわかりづらくなるからです。

● **財務諸表には金額だけ載せる**

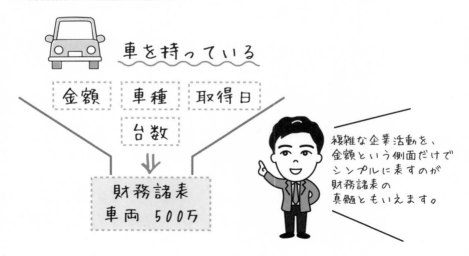

複雑な企業活動を、金額という側面だけでシンプルに表すのが財務諸表の真髄ともいえます。

ちなみに、金額で載せることには大きなメリットがあるんです。それは、**「加法性」**と**「比較可能性」**です。

加法性というのは、足し算ができるということです。現金100万円と500万円の自動車を持っている場合、資産総額は600万円と計算ができます。違う物どうしであっても、金額なら足し算ができる結果、会社の規模が把握できるのです。

また、**比較可能性というのは、他社比較ができるということです。**

例えば、「アプリ開発会社のユーザー数が100万人」という情報と、「不動産会社のマンション販売戸数1,000件」では、単位が違うのでどちらの方が優れているのかがわかりません。

しかし、次の場合どうでしょう？

・**アプリ開発会社の利益：50億円**
・**不動産会社の利益：100億円**

不動産会社の方が、利益が出ていることが一目瞭然ですね。このように金額という統一された尺度であれば、異業種の会社であっても比較することができるようになるのです。

4　おこづかい帳との違い

おこづかい帳との共通点を説明してきました。では逆に、相違点は何かあるのでしょうか？

細かい違いは多々あるのですが、**大きな相違点を1つ挙げるなら、「財務会計では、すべてを記録する」という点**です。

おこづかい帳では、現金の増減のみを記録します。そのため、借金がいくらあるか？　買った菓子はどれくらい残っているか？　は把握ができません。現金以外の増減を記録できない点がおこづかい帳の欠点です。

対して、財務諸表に載せる情報は、現金の金額だけではありません。借金がいくらあるのか？　所有している車両はいくらあるのか？　当期の売上はいくらか？　などすべての情報を載せるのです。

この**「現金以外の情報も記録する」**という点は、とても重要なので、後ほど詳しく説明します。

03 株式会社って なんだろう?

　企業会計を理解するには、**株式会社を理解することが不可欠**です。そのため、株式会社の仕組みについて説明していきます。

1 会社の利益は誰のもの?

　株式会社の誕生、すなわち、**株式会社の設立**を考えます。

　例えば、ボブが何かいいビジネスアイディアを思いついたとします。ここでは、アンティーク家具の輸入販売ということにしましょう。

　では、会社を始めるにあたって、最初に何が必要でしょうか?

 …

　まずは何よりも**お金**です。

　家具を輸入するにしても、そのための店舗を借りるにしても、従業員を雇うにしても、お金がないと何もできません。この**会社の元となる資金を元手**といいます。

　ところが、残念ながらボブは一文無しで、会社を始めるためのお金が全くなかったとします。

　この場合、元手を出してくれる人を募集します。今回は、私(登川)と読者であるあなたの2人で出すとしましょう。ちなみに、元手を会社に出すことを**出資**といいます。

　ではボブ、いくら出資してほしいですか?

 家具の輸入代金に300万円、店舗の家賃に100万円。
あとはちょっと余裕もって…じゃあ、合計500万円で。

では、私が60％の300万円を出して、あなたは200万円を出したとします。

この際、会社は、**元手を出してくれた人たちに、会社の株式を発行します。**

最初の株式の値付けはいくらでも構いません。

仮に1株＝1万円とした場合、私は300株、あなたは200株保有することになります。

この**保有している株式が会社に対して出資した証明**となります。

> 出資してくれてどうもありがとう！
> ちなみに、この元手500万円はいつ返せばいいの？

ここが株式会社の面白いところなのですが、**出資された元手は返済する必要がありません。**会社が自由に使っていいのです。

ただし、当然に見返りは必要です。それは、**「会社の儲けを株主に還元すること」**です。

元手は返済する必要がない代わりに、**儲かった金額は株主のもの**になるのです。

例えば、元手500万円を使って次のような取引をしたとしましょう。

具体例　元手 500 万円を使った取引

家具の仕入代金……	－ 300 万円
家具の売上代金……	＋1000 万円
家賃………………	－ 100 万円
ボブの給料………	－ 500 万円
差引	＋100 万円

この場合、会社の利益は100万円です。

そして、**この100万円は株主のもの**です。

儲けは、社長じゃなくて株主のものになるのか

　そうなんです。**儲けを株主に還元する**ことを、**配当**するといいます。

　配当は株式の保有比率に基づいてもらえるので、私は60万円、あなたは40万円もらえることになります。

　私からすれば、300万円出資して1年後に60万円受け取れているので、1年で20％の儲け（これを、利回り20％といいます）になります。銀行預金が年利1％もない時代に20％は相当高いです。なかなかいい投資だったといえます。

　もし、毎年の利益がずっと100万円だった場合、私は毎年60万円の配当金が手に入るので、出資した額は5年で回収でき、それ以降は純粋な儲けになります。

　逆に、利益がゼロだった場合、配当金は当然ゼロです。

ちなみに、利益を全額配当することは、普通ありません。
配当せずにビジネスに回すことで、翌期により大きな利益を生み出すことができるからです。

2　株式会社は誰のもの？

　ところで、会社は誰のものでしょうか？

　色々な考え方があるのですが、**株式会社の仕組み的にいえば、「株主のもの」**が答えになります。

 え？　会社は社長のものじゃないの？

　会社を実際に運営するのは経営者なので、そのイメージがあると思いますが、そもそも株式会社の経営者は誰が決めるのでしょうか？

　それは株主です。**株主が経営者を決める**のです。

　仮に、ボブ（会社）の利益がゼロだった場合、株主である私やあなた

でボブを経営者から解任して、違う人を経営者とすることができます。

また、経営者の報酬も株主が決めることができます。

このように、**会社の根幹を握っているのは株主**です。そのため、株式会社は株主のものであり、株主は会社のオーナーといわれます。

3　アカウンタビリティって？

株主からすれば、株式会社というのは、「自分の代わりに、自分のお金を運用してもらうために存在する」と見ることができます。

よって、株主と会社の両者をそれぞれ考えてみると、

- 株主からすれば、自分のお金を渡して運用してもらう
- 会社からすれば、株主のお金を運用する

という関係になり、会社は株主のお金を預かっていると見ることができます。

そのため、会社は「預かったお金をどのように運用しているのか？」や、「運用の結果、どれくらい儲かったのか？」について報告する義務が、当然にあるのです。

 財務諸表で報告することは、会社として当然に果たすべき義務なのか！

そうです。「儲けは教えたくない」なんてことはできないのです。

この義務のことを、アカウンタビリティ（accountability）といいます。

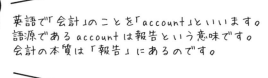 英語で「会計」のことを「account」といいます。語源である account は報告という意味です。会計の本質は「報告」にあるのです。

4　株式会社の３つの活動を知っておこう

　世の中に会社は様々あり、会社ごとにビジネスの中身は違います。しかし、その多種多様なビジネスを単純化すれば、どんな会社であっても次の３活動に集約できます。

❶財務活動
❷投資活動
❸営業活動

財務活動

　財務活動とは、資金の調達活動です。
　会社は、株主からの出資と銀行からの借り入れなどをもとに事業を行います。

投資活動

　会社が事業を行うためには、投資をする必要があります。
　具体的には、製品を製造するための工場の取得や、店舗や事務所用建物の取得、自動車の取得などです。
　このような活動を**投資活動**といいます。

営業活動

　資金を調達し、必要な投資をしたら、あとは本業を行うのみです。
　本業の中身は業種によって様々ですが、例えばスーパーのような小売業なら商品の仕入・販売が該当します。また、人件費の支払いや、店舗の家賃の支払いなども本業の一環です。
　このような**本業に関する活動を営業活動**といいます。

04 財務諸表って一体どんなもの？

1 財務諸表の種類は3つ

　財務諸表の概要について、簡単に説明しておきましょう（詳しくは2時限目で勉強します）。

　財務諸表は複数の書類から構成されています。

　その中でもとりわけ重要なのが、**貸借対照表、損益計算書、キャッシュ・フロー計算書**です。これら**財務3表**を見れば、調達した金額をどのように運用しているのか、どれくらい儲かったのかなど色々なことがわかります。

- **貸借対照表**：お金をいくら集め、それをどのように投資しているのか
- **損益計算書**：いくら儲かったか
- **キャッシュ・フロー計算書**：お金がいくら増減したか

財務諸表の略語！

財務諸表；
Financial Statements ‥‥‥F/S(エフエス)
貸借対照表；
Balance Sheet ‥‥‥‥‥B/S(ビーエス)
損益計算書；
Profit and Loss Statement ‥‥‥P/L(ピーエル)
キャッシュ・フロー計算書；
Cash Flow Statement ‥‥‥‥CF計算書

2　実際の財務諸表を見てみよう

　財務諸表を見れば多くの情報が手に入ります。

　しかし、残念ながら、会計を勉強したことがない人が見た場合、さっぱり意味がわからない作りになっています。

● 任天堂の損益計算書（2021年3月期）

（単位：百万円）

	当連結会計年度（2021年3月31日）
売上高	1,758,910
売上原価	788,437
売上総利益	970,472
販売費及び一般管理費	329,838
営業利益	640,634
営業外収益	
受取利息	5,723
持分法による投資利益	6,564
為替差益	24,039
その他	3,385
営業外収益合計	39,713
営業外費用	
支払利息	177
有価証券償還損	1,013
為替差損	–
その他	160
営業外費用合計	1,351
経常利益	678,996
特別利益	
固定資産売却益	2,516
投資有価証券売却益	40
特別利益合計	2,556
特別損失	
固定資産処分損	247
投資有価証券売却損	–
特別損失合計	247
税金等調整前当期純利益	681,305
法人税、住民税及び事業税	220,348
法人税等調整額	△19,463
法人税等合計	200,884
当期純利益	480,420
非支配株主に帰属する当期純利益	44
親会社株主に帰属する当期純利益	480,376

　一見、複雑そうで難しく見えますが、実はそれほど難しいものではありません。そもそも、**会計の本質は、「そのシンプルさ」にあります。**

 むむむ。すごく複雑に見えるけど…

　会計の勉強していなければ、そう見えるのも仕方ありません。でも、少し勉強するだけでわかるようになります。
　そもそも**財務諸表は利害関係者が利用するもの**です。利害関係者には、その会社の株を買うかどうかを検討している人も含まれます。そして、株は証券口座さえ開設すれば誰もが買うことができます。つまり、ボブを含めた、**すべての人が利害関係者になり得る**のです。
　そのため、財務諸表は誰でも理解できるものである必要があります。よって、会計ルールは、その設計上シンプルさが追求されているのです。
　ただ、もちろん何も勉強していなければ財務諸表はわかりっこありません。多少の勉強は必要です。本書が読み終わった頃には**「会計ってシンプルなんだ！」**ということが理解でき、財務諸表を読めるようになっていることでしょう。
　なお、会計は奥が深いです。深くまで財務諸表を理解し読めるようになるには、それ相応の勉強と経験が必要になります。本書を読むことで、財務諸表を最低限理解できるようになります。
　もし、本書を読んだあとに、もっと深く知りたいと思った場合は、ぜひ勉強してみてください。

 財務諸表が理解できるようになるんだ！
なんか、色んなことに役立ちそうだ！

3　会計がわかるといいことがたくさんあります！

　会計を勉強すれば、財務諸表が読めるようになり、その会社の様々な情報を読み解くことができるようになります。

　しかも、特定の会社や業種に限らず、**すべての会社の財務諸表を理解できるようになります**。また、日本の会計ルールと海外の会計ルールにほとんど違いはありません。そのため、会計を一度勉強し理解すれば、日本の会社だけでなく、世界中の会社の財務情報を理解できるようになるのです。

　会計を勉強するかどうかで、手に入れられる情報の量と質が大きく変わります。情報という側面において圧倒的に有利なポジションに立てるようになるのです。

　具体的なメリットとしては、下記のようなことが挙げられます。

- ● 株式投資の際に有利になる
- ● コンペなどで、より良い提案ができる
- ● 財務諸表を扱う仕事（公認会計士、経理、会計コンサルティングなど）に就くことができる
- ● 経済ニュースを深く理解できる
- ● 仕事でのコミュニケーションが円滑になる

 勉強のモチベーションが湧いてきた！

4　会計的思考が身に付く！

さらに、本書を読みを終えれば「会計的思考」が身につきます。

 会計的思考ってなに？

たとえば、「借金すれば、お金が増えるから利益になるか」と聞かれると、そうではない気はしますが、実際に言葉で説明するのは難しいですよね。

しかし、**「会計的思考」** を身に付ければ簡単に説明することができます。

利益以外にも、「会計ではこのように考える」ということを多く学びます。この学びはきっと新鮮であり、一生役に立つ考え方となるはずです。

また、あとで説明しますが、この会計的思考力は人生を楽しく生きるため、仕事で成果を出すためにとても重要です。

会計を勉強することで、このような考え方を身に付けることができるのです。

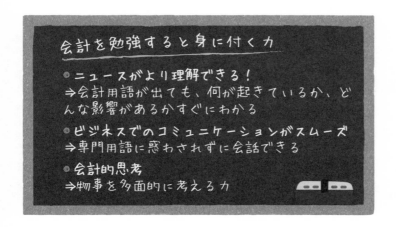

会計を勉強すると身に付く力

● ニュースがより理解できる！
⇒会計用語が出ても、何が起きているか、どんな影響があるかすぐにわかる

● ビジネスでのコミュニケーションがスムーズ
⇒専門用語に惑わされずに会話できる

● 会計的思考
⇒物事を多面的に考える力

05 本書の説明の流れ

1.財務3表を理解することがゴール！

　財務会計を学ぶうえで中心となるのは、財務諸表です。

　先ほど、**貸借対照表、損益計算書、キャッシュ・フロー計算書**の財務
3表がとても重要と説明しました。

　具体的には、

> ・これら財務3表がどのようなものなのか
> ・財務3表はそれぞれどのような関係にあるのか

を理解することがとても重要です。

　この点について、1時限目以降で詳しく解説をしていきます。

2.理解のベースとなるのは貸借対照表

　本書では、これら財務3表を理解するにあたって、貸借対照表を中心
に説明するという手法を採用します。

　貸借対照表をしっかりと理解することで、損益計算書、キャッシュ・
フロー計算書がよく理解できるはずです。

3.貸借対照表の次は損益計算書

　貸借対照表と損益計算書のつながりが、とても重要です。

　損益計算書を単独で理解するのではなく、貸借対照表とのつながりと
いう視点でおさえます。

4.最後にキャッシュ・フロー計算書

　キャッシュ・フロー計算書は最後に説明します。

　また、これは章を分けて説明します。

1時限目 貸借対照表と損益計算書ってどんなもの？

まずは会計の基礎になる「貸借対照表」と「損益計算書」について学んでいきましょう！

01 貸借対照表って何？

1 実際の貸借対照表はこうなっている

　貸借対照表は、**ある時点における「財政状態」を表す財務諸表**です。

　簡単にいえば、貸借対照表は「会社にどれだけの資産があって（いまいくら持っていて）、どれだけの借金があるか」という**財務内容がわかる財務諸表**です。

　右ページの表は、スーパーマリオやNintendo Switchで有名な任天堂の2021年3月期の貸借対照表です。

　数字がたくさんあり難しそうに見えますね。実際の形のままでは、ポイントがつかみづらいので、見やすいように変えてみます。

● **簡略化した貸借対照表**

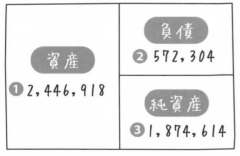

実際の貸借対照表の、資産合計、負債合計、純資産合計を左右に分けたものです。

（単位：百万円）

　右ページの縦一列となっている貸借対照表を、**左右に分けたものが簡略化した貸借対照表**です。

●任天堂の 2021 年 3 月期の貸借対照表

（単位：百万円）

	当連結会計年度（2021 年 3 月 31 日）
資産の部	
流動資産	
現金及び預金	1,185,151
受取手形及び売掛金	140,570
有価証券	557,238
たな卸資産	86,817
その他	50,692
貸倒引当金	△94
流動資産合計	2,020,375
固定資産	
有形固定資産	
建物及び構築物（純額）	42,230
工具、器具及び備品（純額）	4,783
機械装置及び運搬具（純額）	1,591
土地	34,785
建設仮勘定	178
有形固定資産合計	83,569
無形固定資産	
ソフトウエア	11,106
その他	3,815
無形固定資産合計	14,922
投資その他の資産	
投資有価証券	214,832
退職給付に係る資産	8,205
繰延税金資産	82,819
その他	22,194
貸倒引当金	
投資その他の資産合計	328,051
固定資産合計	426,543
❶ 資産合計	2,446,918
負債の部	
流動負債	
支払手形及び買掛	114,677
賞与手当金	5,227
未払法人税等	157,307
その他	249,119
流動負債合計	526,331
固定負債	
退職給付に係る負債	21,001
その他	24,970
固定負債合計	45,972
❷ 負債合計	572,304
純資産の部	
株主資本	
資本金	10,065
資本剰余金	15,043
利益剰余金	1,993,325
自己株式	△156,851
株式資本合計	1,861,582
その他の包括利益累計額	
その他有価証券評価差額金	33,571
為替換算調整勘定	△20,782
その他の包括利益累計額合計	12,788
非支配株主持分	243
❸ 純資産合計	1,874,614
負債純資産合計	2,446,918

2 　2つの視点で考える点がポイント！

　貸借対照表を理解するための一番のポイントは、中心線を境目に**左右
に分ける**という点です。実は、この「左右に分ける」というのは、貸借
対照表に限らず会計の世界では頻繁に登場します。

　左右に分けるのは、貸借対照表だけの特徴というわけではなく、**会計
自体の特徴**なのです。

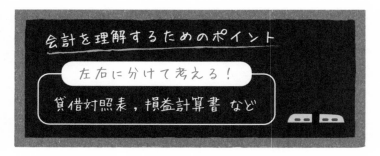

　左右に分けるっていうのは、会計の大きな特徴なんだね。
　でも、左右に分けるって具体的にどういうこと？

　左右に分けるというのは、**「1つのことを、2つの視点で捉える」**とい
うことです。

　会計では、1つのことを2つの視点で捉えたうえで、それを左右に振り
分けて考えていきます。先ほどの簡略化した貸借対照表では、会社の財
務内容を、**「資産」**と**「負債・純資産」**という2つの視点に分け、それ
を左右に表示していたのです。

　私は、この「2つの視点で考え、左右に振り分けて考える」ことを
「会計的思考法」と呼んでいます。

　この「会計的思考法」を身に付けることができれば、会計の根幹を理
解したも同然です。

　本書の目的の1つは、会計的思考法を身に付けてもらうことです。貸
借対照表の理解を通じて、会計的思考法もぜひマスターしてください。

02 貸借対照表の考え方と仕組み

1 あなたの財産の状況は？ 貸借対照表における2つの視点

貸借対照表は、ある時点における **「財政状態」** を表す財務諸表です。

なかなかピンと来ないと思いますが、簡単にいえば、貸借対照表は **「いま何をいくら持ってる？」** という質問に答える財務諸表です。

 ガサゴソ、ガサゴソ

どうしたんですか？

 いま、いくら持ってるかなあと思って。
そしたら800円持っていたから、もし僕が自分の貸借対照表を作った場合、800円って書かれるってこと？

そうですね、ボブの貸借対照表には、**「現金を800円持っている」** という情報が書かれます。もし、お金以外にも土地や車を持っている場合は、それも書かれます。

ですが、さっき言ったとおり、**会計で大切なのは、2つの視点で考える**ということです。

「現金800円持っている」という情報だけだと、1つの視点でしか捉えられていません。

「現金を800円持っている」では、1つの側面だけです。会計的思考で考えられていません！

 持っているものについての2つの視点…？

35

2つの視点とは次の2つです。

❶ 持っているもの
❷ そのための資金をどのように調達したか

● 持っているもの、どこから調達したかという2つの視点で見る

800円持っている

300円を借りた

500円の出資を
受けた

このように、「❶何を持っているか」だけではなく、「❷そのお金をどのように調達したのか」まで示すのが貸借対照表の特徴です。

 出どころまで示すのか、その視点はなかった。

日常生活で友だちに「今日いくら持ってきた?」と聞かれた場合、普通は「800円持ってきたよ」と答えればすみますよね。
しかし、会社は違うのです。
会社は、**資金の出どころまで示さなければいけない**のです。

貸借対照表の2つの視点
❶ 何を持っているか?
❷ その出どころは何か?

 なんで会社の場合、資金の出どころまで示す必要があるの?

2 ┃ 資金の出どころが重要なわけ

　なぜ、会社の場合、資金の出どころまで示す必要があるのでしょうか？　次のクイズを解いてみると、その重要性に気づきます。

• •

クイズ あなたならどっちにお金を貸す？

いま、友だちのAさんとBさんからお金を貸してほしいと言われています。
貸すにあたり、心配なのが、「ちゃんと返してくれるか？」という点です。
そこでボブは、相手の財産の状況を聞くために、預金通帳を見せてもらったところ、Aさんは10万円持っていて、Bさんは500万円持っていました。
ボブはお金持ちのBさんならお金を返してくれそうだと思い、Bさんにお金を貸しました。
さて、ボブの判断は合っているでしょうか？

• •

　一見、ボブの判断は正しそうですが、もし「Bさんは借金を500万円抱えていた」という場合どうでしょうか？

　お金持ちに見えていたBさんの財産は、すべて借金でまかなったものだったのです。

　この場合、Bさんにお金は貸さない方が良さそうとなりますよね。

　このように、正しい判断をするためには、**表面的に持っている財産だけでなく、その資金の出どころまで知ることが必要**なのです。

　貸借対照表は、その会社にお金を出す銀行や投資家が見るものです。

　彼らが興味があるのは、「その会社にお金を出しても大丈夫か？　その会社は倒産しないか？」という点です。

　この点をちゃんと判断できるようにするために、**貸借対照表には資金の出どころを示す**のです。

　日常では相手が倒産するかは気にしないので、出どころを気にすることはありませんが、会社の場合はそうはいかないということですね。

なるほど～！　いくら持っているか、という情報だけでは足りないんだね。

3　貸借対照表の基本的な形

貸借対照表の考え方がわかれば、あとは簡単です！
簡単な具体例でおさえちゃいましょう！

具体例

● 株主から 500 万円の出資を受け入れた

● 銀行から 300 万円を借り入れた

　お金を 800 万円持っている状況ですが、これを貸借対照表にしてみると次のようになります。

● 800 万円の資金調達をした直後の貸借対照表

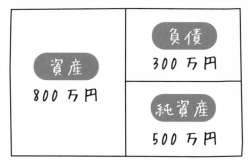

 なんとなくわかる気がする。

　すでに貸借対照表の考え方は説明済みなので、もしかしたら察しがつくかもしれませんが、ちゃんと解説していきますね。

　貸借対照表の大枠を理解するのに必要なのは、貸借対照表の**左右の意味**と、**3つのボックスの意味**だけです。

貸借対照表の左右の意味

　貸借対照表では、

> ❶ いくら持っているのか？
> ❷ その資金はどのように調達したのか？

　この2つの側面を左右に分けて示します。

　「いくら持っているのか」は左側、「その資金はどのように調達したのか？」は右側に書きます。

　また、「どのように調達したのか」は、**返さなきゃいけないのか、返さなくていい**のかの2つに分類します。

● **貸借対照表の左右の意味**

左　側	右　側
いくら持っているのか？	返さなきゃいけない ⬆ どのように調達したのか？ ⬇ 返さなくていい

3つのボックス（資産、負債、純資産）

　上記のように分けたら、あとは3つのボックスに名前をつけるだけです。

> ● 資　産：持っている財産のこと
> ● 負　債：返さなきゃいけない金額のこと
> ● 純資産：返さなくていい金額のこと

　今回は、800万円持っているので**資産に800万円**。集めてきた800万円のうち、300万円は返さなくてはいけないので**負債が300万円**で、返さなくていい500万円は**純資産500万円**とします。

● 3つのボックスの意味

　これで完成です。
　貸借対照表では、

> ● いくら持っているか
> ● 集めてきた金額のうち、返済する必要がある金額はいくらか
> ● 集めてきた金額のうち、返済しなくていい金額はいくらか

の3つを表すので、**資産、負債、純資産という3要素が必要**なのです。
この3要素とそれらの配置がわかれば貸借対照表の基本はOKです。
資産と純資産は名前が似ているので注意してくださいね。

4　勘定科目をつけよう！

● 800万円持っている状態を貸借対照表にすると

　上の貸借対照表を見てください。ちょっと情報量が不足しているように感じませんか？

資産、負債、純資産はボックスの名前です。

　資産にはお金だけでなく、会社が持っている商品や建物なども該当します。ボックス名だけだと、何を持っているかがわかりません。

　ボックスの中身がわかるように、その内訳も示します。

　先ほどの例では次のようになります。

● 勘定科目をつけた貸借対照表

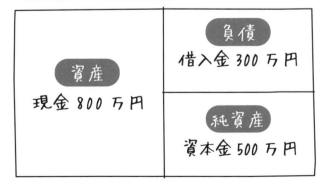

 現金、借入金、資本金っていう名前がついた！

この名前のことを**「勘定科目」**といいます。前ページの3つの勘定科目はそれぞれ次のような意味があります。

- **現　金**：いま保有しているお金
- **借入金**：借り入れによる支払義務
- **資本金**：株主から出資を受けた金額

　この貸借対照表を見れば、

- 現金を800万円持っている
- 借金300万円を返済する義務がある
- 株主から出資を受けた金額は500万円なんだ

ということがわかるのです。

　ちなみに、借入金、資本金と「ナントカ"金"」という名称を見て、お金と勘違いしてしまうことがありますが、借入金も資本金もあくまでも、**「どうやって調達したか」ということであり、お金自体ではないの**で注意しましょう。

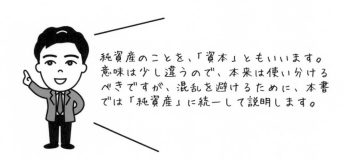

純資産のことを、「資本」ともいいます。
意味は少し違うので、本来は使い分ける
べきですが、混乱を避けるために、本書
では「純資産」に統一して説明します。

03 貸借対照表の変化を見てみよう!

1 建物を購入すると

クイズ 貸借対照表はどうなる？

800万円を調達した後、会社は店舗用の建物を700万円で購入し、現金を支払った。

建物を購入した直後の貸借対照表はどのようになるでしょうか？

※この取引は、P38の具体例の続きです。

　貸借対照表には**資産、負債、純資産**の3要素しかありません。この3要素に着目して考えればいいのです。

- **資　産** ⇨ 何を持っているのか？
- **負　債** ⇨ 調達した金額のうち、返済義務がある金額はいくらか？
- **純資産** ⇨ 調達した金額のうち、返済義務がない金額はいくらか？

> お金は100万円しか持ってないけど、その代わりに700万円で買った建物を持っている…じゃあ、資産は現金100万円と建物700万円かな！

　そのとおりです。ちなみに、資金の出どころに変化はないため、右側は変化なしです。よって、貸借対照表は次のようになります。

43

● 貸借対照表の変化

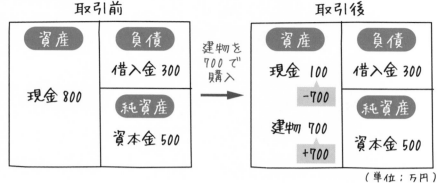

（単位：万円）

2 商品売買をすると

クイズ 貸借対照表はどうなる？

建物を購入した会社は、100万円で商品を仕入れ、300万円で販売した。
この直後の貸借対照表はどうなるでしょうか？

商品売買で200万円儲かったという取引ですね。
先ほどと同様に、3つの要素を考えながらやってみましょう。

●資　産 ⇨	何を持っているのか？
●負　債 ⇨	調達した金額のうち、返済義務がある金額はいくらか？
●純資産 ⇨	調達した金額のうち、返済義務がない金額はいくらか？

現金は商品売買前には100万円しか持ってなかったけど、
商品売買で200万円増えたんだから、300万円だな。

● ボブの答え

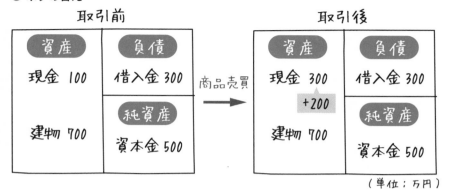

いい線を行っていますが、実はこれだと間違いです。

貸借対照表は左右の合計が一致する！

　貸借対照表には、ボブにまだ教えていない大切なルールがあります。

　それは**「貸借対照表の左右の合計金額は必ず一致する」**です。

　貸借対照表の左は「資金をどのように運用しているのか？」、右は「その金額をどのように調達したのか？」を意味するので、左右の合計は必ず一致するのです。

● 資産＝負債＋純資産

　ボブは貸借対照表の左側を200万円増やしましたが、左側が増えたの

なら、右側も200万円増えないといけないのです。

 200万円の出どころも考える必要があったのか…

　200万円が増えた理由は何でしょうか？　それは、儲けですね。会計では儲けのことを**「利益」**と呼びます。
　利益は返済する必要がありません。よって、利益が生じた場合には純資産が増えるのです。
　以上をまとめると、200万円儲かった後の貸借対照表は次のようになります。

● **商品売買後の貸借対照表**

取引前

資産	負債
現金 100	借入金 300
建物 700	純資産
	資本金 500

合計 800

→ 商品売買

取引後

資産	負債
現金 300 +200	借入金 300
建物 700	純資産
	資本金 500
	利益 200 +200

合計 1,000

（単位：万円）

　ちゃんと左右の合計が1,000万円で一致してます。この貸借対照表を見れば、次のことがわかります。

- 資産は合計1,000万円分持っている
- その出どころのうち、返済義務のある金額は負債の300万円で、返済義務のない金額は純資産の700万円
- さらに、純資産700万円のうち、株主からもらった金額が500万円、会社が稼ぎ出した金額が200万円

---

3 給料を支払うと

さて、もう１つ取引を追加してみましょう。

クイズ お給料を払うとどうなる？

会社は儲けた200万円で、ボブに給料として現金50万円を支払った。

この直後の貸借対照表は次のようになります。

● 給料支払後の貸借対照表

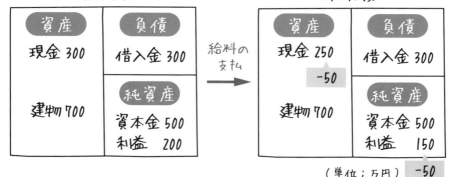

（単位：万円）

給料は**人件費なので利益が減る**という点がポイントです。ちゃんと左右の合計も950万円で一致しています。

P38の会社設立から、給料支払後の貸借対照表まで見てきました。
取引ごとに貸借対照表が変化している点、常に左右の合計が一致している点を確認しておきましょう！

04 手元にないお金も 資産になる—債権

「お金をもらえる権利」のことを**債権**といいます。会計では、**債権は資産として扱います**。

クイズ 貸借対照表はどうなる？

商品を300万円で販売し、代金は翌月にもらうこととした。

後払いで商品を販売したケースです。この場合、貸借対照表は次のように変化します。

● 後払いで商品を販売したときの貸借対照表の変化

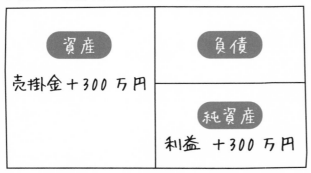

　売掛金300万円は、**「商品代金300万円を今度払ってね、と主張できる権利」**があることを意味します。

　権利は現金や建物と違い目に見えませんが、会計では**資産**として扱います。

　この理由は、**債権の金額は将来増えるお金**を意味するからです。

　貸借対照表を見れば、いま会社がいくら持っていて、将来お金がいくら増えそうなのかがわかるようになっているのです。

● 現金と売掛金の意味

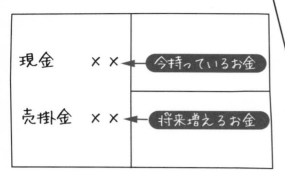

スーパーやコンビニなど個人相手のビジネスでは現金商売が多いですが、会社相手の場合、後払いが一般的です。

　債権は売掛金だけではありません。代表的なものとして**貸付金**（かしつけきん）があります。

　お金を貸した場合を考えてみましょう。お金を貸したら、**「今度、お金返してね」と言う権利**がありますよね。

　これは売掛金と同じく債権です。お金を貸した場合は債権を獲得することになるのです。

　この**勘定科目を「貸付金」**といいます。

49

05 負債の本当の意味ー債務

1 債務ってなんだろう？

お金を貸した場合、債権があるということがわかりましたね。

では、「お金を貸す」の真逆、**「お金を借りる」**について考えてみましょう。

貸付金と同じように考えてみると、「お金を借りる」というのはどう理解できるでしょうか？

 「お金を貸す＝返してもらう権利」って考えたってことは、お金を借りた場合は、「借りたお金を返す義務」があるってことかな？

おみごと！　そのとおりです。**お金を借りたら「返済する義務がある」**と考えることができますよね。この義務を、**「債務」**といいます。

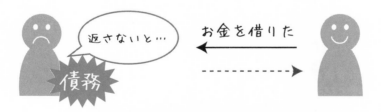

借金した場合、貸借対照表には借入金という「負債」が計上されることはすでに説明をしましたが、**負債は「会社が負っている債務」**を意味するのです。

 負債は会社が負っている債務…あれ、負債って「調達した資金」のことじゃなかったっけ？

2 ｜ 負債には2つの側面があります

　借りたお金は過去に目を向けるか、未来に目を向けるかの2つの側面があります。

　借金を**過去に目を向ける**と「**借金により資金を調達した**」となり、**未来に目を向ける**と「**今度、お金を返す義務がある（将来お金が減る）**」と見ることができます。

● 借入金の2つの意味

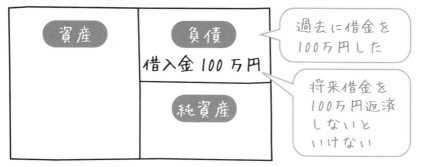

 1つの貸借対照表でも、捉え方は色々あるんだね。

　負債には、「**資金の調達額**」だけでなく、「**返済義務**」という側面があることを理解しておきましょう。

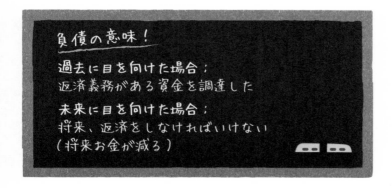

06 利益の理由は？
損益計算書

1 貸借対照表の利益計算とその問題点

投資家の最大の関心事は利益の額です。1年間でいくら儲かったのかは気になりますよね。

では、次の**2年分の貸借対照表**を見てみましょう。

● **2年分の貸借対照表**

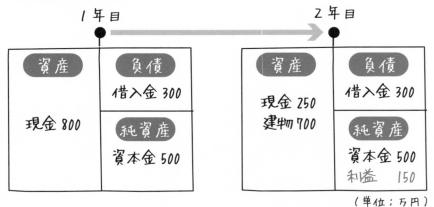

（単位：万円）

純資産に注目すると、1年間で利益が150万円生まれたことがわかります。このように、**利益の金額は貸借対照表の純資産の増加額から読み取ることができる**のです。

しかし、この方法には1つ問題点があります。それは、**「何をして儲かったのかがわからない」**という点です。貸借対照表は「いまどういう状況なのか？」を表す財務諸表であり、「この1年間で何をしたのか？」は書いていないからです。かろうじて利益の金額はわかっても、その利益の理由（利益の源泉）は貸借対照表からではわからないのです。

確かに…でも、利益の金額がわかればいいんじゃないの？

そうではありません。利益の源泉はとても重要な情報です。利益が150万円出ていたとしても、

┌───┐
❶本業が順調だったので150万円儲かった

❷本業は失敗したけど、保有していた自社ビルを売却して利益が出た
└───┘

この2つでは、状況が全然違います。❶は当期だけでなく翌期以降も期待できそうですが、❷の場合、翌期は期待できそうにありません。

財務諸表を見る目的の1つは**「翌期以降に利益を出せそうかどうか」**を判断するためです。よって、利益の源泉を示す必要があります。その役割を担う財務諸表が**「損益計算書」**です。

● 貸借対照表と損益計算書の関係

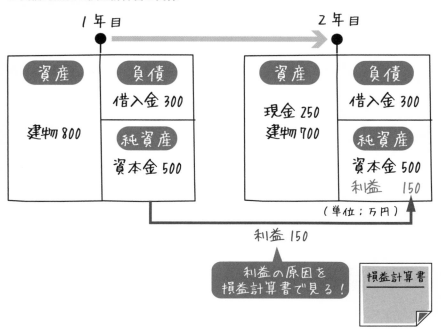

2　実際の損益計算書を見てみよう

　下記に示したのが、任天堂の損益計算書です。詳しい読み方は4時限目で解説するので、まずは大事なポイントにだけしぼって説明します。

● 任天堂の損益計算書（2021年3月期）

（単位：百万円）

	当連結会計年度（2021年3月31日）	
売上高	1,758,910	収益
売上原価	788,437	費用
売上総利益	970,472	
販売費及び一般管理費	329,838	費用
営業利益	640,634	
営業外収益		
受取利息	5,723	
持分法による投資利益	6,564	
為替差益	24,039	
その他	3,385	
営業外収益合計	39,713	収益
営業外費用		
支払利息	177	
有価証券償還損	1,013	
為替差損	−	
その他	160	
営業外費用合計	1,351	費用
経常利益	678,996	
特別利益		
固定資産売却益	2,516	
投資有価証券売却益	40	
特別利益合計	2,556	収益
特別損失		
固定資産処分損	247	
投資有価証券売却損	−	
特別損失合計	247	費用
税金等調整前当期純利益	681,305	
法人税、住民税及び事業税	220,348	
法人税等調整額	△19,463	
法人税等合計	200,884	費用
当期純利益	480,420	
非支配株主に帰属する当期純利益	44	費用
親会社株主に帰属する当期純利益	480,376	利益

貸借対照表と同様、見やすい形にしてみます。

● 簡略化した損益計算書

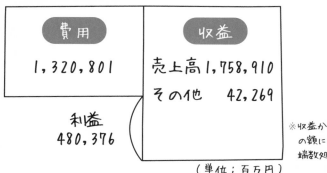

※収益から費用を引いた額と、利益の額に若干のズレがありますが、端数処理の影響によるものです。

（単位；百万円）

　ポイントは貸借対照表と同じで、**2つの視点で捉える**という点です。利益について2つの視点で考えてみましょう。

3　収益と費用の差額で、利益がわかる

　利益は、「獲得した金額」と「そのために、かかった金額」の差額で計算されます。

　例えば、商品500万円を売るために、合計200万円かかったとします。この場合、利益は300万円です。

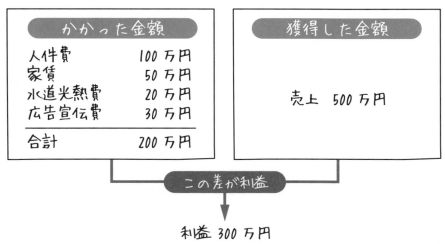

この「獲得した金額」と「かかった金額」が損益計算書2つの視点です。そして、**獲得した金額のことを「収益」、かかった金額のことを「費用」**といいます。

　会社は色々な費用をかけて、収益を獲得しにいきます。基本的に**収益の大部分は、自社の製品、商品、サービスの販売で、これを「売上高」**といいます。

　一方、費用には多くの種類があります。様々な費用をかけて、**かけた費用以上の売上高を獲得しにいく**のが会社のビジネスといえます。

4　損益計算書のかたち

　損益計算書では、**左側に費用**（かかった金額）、**右側に収益**（獲得した金額）を書きます。そして、その**左右の差額で利益を計算**します。

　前ページの具体例で損益計算書を作ってみると次のようになります。

● 損益計算書はこうなっている

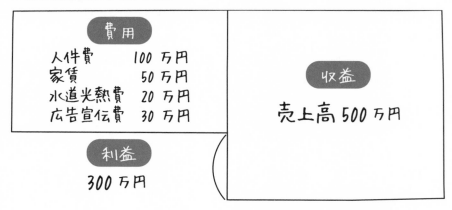

　かかった金額と獲得した金額を左右に並べて、その差額を利益にするだけです。貸借対照表と比べると、とても簡単な財務諸表といえます。

　先ほどは貸借対照表から利益がわかるといいましたが、損益計算書の方が簡単にわかるので、**利益を確認する場合は損益計算書を見る**のが一般的です。

07 貸借対照表と損益計算書の関係は？

1 利益を通じてつながっている

　貸借対照表と損益計算書は、**利益を通じてつながっています。**

　下記の図でいえば、前期末に100円だった純資産が、当期末には400円へ増えています。

　これは1年間で利益が300円生じたということですが、利益300円の要因は損益計算書を見ればわかるようになっています。

　別の言い方をすれば**「損益計算書の利益300円だけ、貸借対照表の純資産は増加した」**となります。

　これが両者の関係です。貸借対照表と損益計算書は、**「損益計算書の利益の分だけ、貸借対照表の純資産は増加する」**という関係にあるのです。

　利益を通じて、2つの財務諸表がつながっているということは、会計を理解するうえでとても重要です。しっかりこの関係を頭の中に入れておきましょう。

● 貸借対照表と損益計算書の関係

前期末　　　　　　　　　　　　　　　　　　　　当期末

貸借対照表　　損益計算書　　　　貸借対照表

| | 200 円 | 500 円 | |
| 純資産 100 円 | 利益 300 円 | | 純資産 400 円 |

損益計算書の利益の分だけ、
貸借対照表の純資産は増加する

　フロー（flow）とは流れのことで、会計では**「一定期間の増減額」**のことを指します。

　対して、**ストック**（stock）とは、**「一定時点の残高（残り）」**のことです。ピンとこないと思うので、簡単な具体例を用意しました。

お風呂に水が1リットル入っている

　いまからこのお風呂に水を入れていくのですが、同時に排水口から水が出ていってしまうとします。

　例えば、5リットル入れたけど、2リットル出ていった場合を考えます。

　この場合、いまお風呂にあるのは4リットルということになります。

● 1リットル入っているところに、5リットル入れ、2リットル出ていった場合

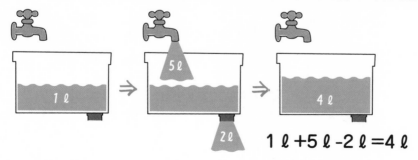

$$1ℓ + 5ℓ - 2ℓ = 4ℓ$$

　この例でいえば、フローとストックはそれぞれ次のようになります。

　フローは「5リットル入れたけど、2リットル出ていった」

ストックは「最初は1リットルある。最後は4リットルある」

● フローのイメージ

これがフロー

● ストックのイメージ

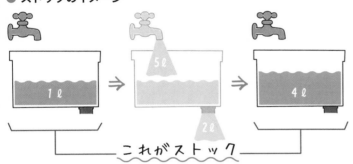

これがストック

フローとストックの関係

　フローとストックは別の概念ですが、無関係ではありません。むしろ、密接な関係性を持っています。

　それは、**「フローの分だけストックが増減する」という関係**です。

　先ほどの例では、ストック1にフローの＋5、－2を加減することで、いまのストック4になります。

　フローは原因、ストックは結果というイメージでもOKです。

3 　貸借対照表と損益計算書の関係

　財務諸表でいえば**損益計算書がフロー**の財務諸表で、**貸借対照表がストック**の財務諸表になります。

　損益計算書は一定期間の利益を表し、**貸借対照表は一定時点の財政状態**を表すからです。

● 貸借対照表と損益計算書でフローとストックを表すと

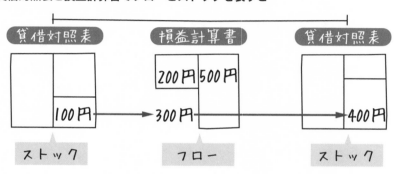

　損益計算書がフロー、貸借対照表がストックの財務諸表なので、**「損益計算書の利益（フロー）の分だけ、貸借対照表の純資産（ストック）は増加する」**という関係にあるのです。

4 　貸借対照表と損益計算書の利益の違い

　ここまでずっと、「利益」という言葉を使っていましたが、損益計算書の利益を **「当期純利益」**、貸借対照表の利益を **「利益剰余金」** といいます。

● 当期純利益と利益剰余金

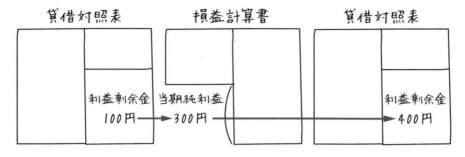

　当期純利益と利益剰余金の違いは、フローとストックの関係がわかれば簡単に理解できます。

　損益計算書の**当期純利益は当期に稼いだ利益**であり、**貸借対照表の利益剰余金は当期までに稼いだ利益の蓄積**を意味します。

5　フローはストックから生み出される

　フローとストックの関係は理解できましたか？

　フローとストックの例は、お風呂に例えるとわかりやすいです。

　しかし、お風呂の例ではフローとストックの関係を説明しきれていません。

　それは、**「フローはストックから生み出される」**という点です。

　フローは蛇口と排水口で説明しましたが、蛇口と排水口による水の増減は、「元々お風呂に入っていた水の量」とは何ら関係がありません。その結果、お風呂の例ではフローはストックと関係なく生じるように見えていました。

　ですが、会計におけるストックとフローの関係は違います。

　フローはストックから生じるのです。

　利益は無から生み出されるわけではなく、会社が所有する様々な資源を活用して生み出されます。

　つまり、**利益（フロー）は貸借対照表の資産（ストック）を活用すること**

で生まれるものなのです。

● 利益は貸借対照表の資産を活かして生まれる

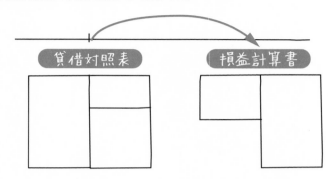

　ストックを利用して、フローを生み出す。その結果、さらにストックが増え、より大きなフローを生み出していく。

　このフローとストックという視点は、人生においても役立てることができます。

　例えば、勉強に当てはめてみると、日々の勉強がフローで、勉強により得られた知識がストックです。

　勉強（フロー）をすることで、知識（ストック）が増えていき、その知識（ストック）を活かすことで、将来、より大きな価値（フロー）を生み出すことができるようになるのです。

　勉強はどうしても面倒なものと思いがちですが、フローとストックを意識できれば、自分の将来のためにやっているということが実感でき、「よし、頑張ろう！」と思えるはずです。

フローとストックも物事を2つの視点で切り分けているので、これも会計的思考の1つです。

 よし、会計の勉強頑張るぞ！

簿記ってなんだ？　簿記の基本である仕訳をマスターしよう！

簿記を学ぶと、財務諸表の仕組みや作り方がわかります。それだけでなく、「会計的思考」を手に入れる近道でもあります。

01 簿記って何?

1 会計の勉強を始めるなら日商簿記検定から!

　会計に関係する資格には様々ありますが、その中でも一番有名なのは、日本商工会議所が主催している**「日商簿記検定」**です。

　簿記検定は級が分かれており、初めて勉強する方は**簿記3級から受験するのが一般的**です。

　このため、初めて会計を学ぼうとした場合、簿記3級の勉強から始める方が多いです。実際、私も簿記3級から勉強を始めました。

2 簿記と会計はどんな関係?

　日商簿記検定はその名のとおり、「簿記」に関する検定試験です。

　そのため、簿記検定の合格に向けた勉強というのは、厳密には会計の勉強ではなく簿記の勉強といえます。

　では、そもそも**会計と簿記はどういう関係にあるのでしょうか?**

会計の目的は報告すること

　会計を英語にすると**Accounting(アカウンティング)**といいます。

　Accountingの語源である Account は、「説明する」もしくは「報告する」という意味です。つまり、**会計の本質は「報告すること」**です。

　0時限目で説明したとおり、「財務諸表を使って、利害関係者に財政状態や経営成績を報告する」のが会計でしたよね。そのため、会計では**「どう報告すると、会社の状況をより適切に報告できるのか?」**ということを学びます。

　本書は「会計の教科書」なので、1時限目まではずっと会計のことを説

明してきました。例えば、1時限目では「貸借対照表では、資産の金額だけでなく負債や純資産の金額も報告する」ということを習いましたが、これは、

> ❶ 単に資産の金額だけ報告する
> ❷ 資産の金額だけでなく、資金の出どころである負債や純資産も報告する

という2つを比べたときに、❶よりも❷の方が、より会社の状況を適切に表すことができるということです。

このように、会計では、

> ● 財政状態って何なのだろう?
> ● 経営成績って何なのだろう?
> ● どうすれば財政状態をより適切に表すことができるんだろう?

ということを学んでいくのです。いま自分が勉強しているのは何なのかを明確にしておくことはとても大切です。

なので、会計のイメージが湧く例を2つ示しておきます。

クイズ 初年度の利益はいくらになるでしょうか?

- 個人タクシーを始めるために、車両を300万円で購入した。
- 初年度の売上は250万円であった。

> 利益の金額か…売上が250万円だから、利益は250万円じゃないのかな。

それが自然な発想ですよね。ですが、もう一度問題文を見てみてください。

初年度は、車両の購入代金300万円を支払っています。

この車両への投資額を一切考慮せずに、売上だけで利益を計算するのは少し違和感がありますよね。

 そっか…じゃあ、300万円払って売上250万円を獲得したんだから、50万円の赤字になるのかな。

確かに、車両の購入代金を含めて、現金収支を計算してみれば50万円のマイナスです。しかしその結果、50万円の赤字とするのは、これはこれで違和感があります。

仮にその車両を3年間使用できるとしましょう。仮に、売上が3年間同額だった場合、売上の総額は750万円になりますよね。

この場合、**3年間トータルで見れば、売上750万円と車両の投資額300万円の差額分で450万円の利益が出る投資**になります。

3年間で考えてみれば黒字になっているので、この投資は失敗ではありませんよね。

そうであるなら、初年度に赤字と報告して、投資は失敗だったとするのはおかしいということがわかります。

このように、**長期間使う前提で投資をした場合、当期の利益はいくらになるのかは単純にはわからない**のです。

 そうしたら、どう考えるの？

これは3時限目で説明をしましょう。今は単に現金収支で利益を計算することはできないということを理解できればOKです。

ちなみに、キーワードは**「減価償却」**です。

クイズ その会社は本当に倒産しないのか？

あなたが銀行の融資担当者として考えてください。

いま、Ａ社にお金を貸すかどうかを判断しようとしているところだとします。

ここではとても単純に、判断基準は次のようにします。

・**Ａ社が倒産する可能性がなさそうであればお金を貸す**

・**１年以内に倒産しそうなら貸さない**

その判断材料として、Ａ社から次の貸借対照表を受け取りました。

● Ａ社の貸借対照表

会社が倒産するのは、負債を返せない場合だ。Ａ社は負債
よりも資産の方が多いから倒産する可能性はなさそう！だ
からお金を貸しても大丈夫だ！

　さっそく１時限目で学習した内容を活かしてますね、いい考え方で
す。ボブの指摘のとおり、**貸借対照表では「資産 ＞ 負債」となってい
ることがとても重要です。**

　なぜなら、逆に**「資産 ＜ 負債」**となってしまっていては、持ってい
る資産よりも負債の方が大きく、負債を返済しきれないからです。

　ちなみに、このような状態の会社を**債務超過**（さいむちょうか）といいます（次ページ
図）。

● 債務超過の貸借対照表

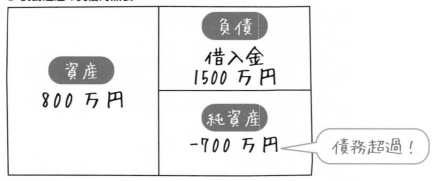

今回のＡ社は資産の方が負債よりも十分に大きく、債務超過にはほど遠いため、**倒産する不安はなさそうな会社に見えます。**

資産と負債の内訳をチェックしよう

ですが、さっきの貸借対照表では**資産と負債の内訳**が見えていませんでした。

もし仮に、**資産の大部分が土地**で、**負債が翌期中に返さなければいけない借入金**だったとしたらどうでしょうか？

● 資産が土地で負債が借入金の貸借対照表

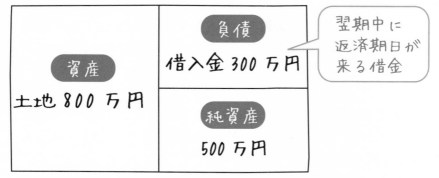

借入金を返済するためには現金が必要です。そのためには、土地を売却して現金化しないといけません。

しかし、土地は簡単に売却できるわけではありません（これを換金可

能性が低いといいます）。

　ということは、もしこの**土地を翌期中に現金化できなければ倒産する可能性がある**といえるのです。

 資産＞負債となっていても、その会社は安全とは言い切れないこともあるってことか！

　しかし、それでは財務諸表を利用する人たちは困ります。貸借対照表を見ても倒産可能性がちゃんと判断できないからです。

　では、どのように貸借対照表を作成すれば、より倒産可能性の判断ができるものになるでしょうか？

　これは**長短分類**を行うことで解決するのですが、詳しくは4時限目で解説をします。

　今は、**資産＞負債**となっていても、**その会社は安全だとは言い切れない**と覚えておいてください。

会計のルールはビジネスのルール！

　なんとなく、会計で学ぶことはイメージできましたか？

　世の中には、

会計の勉強は会計ルールの勉強

ルールの勉強は退屈で面白くない

会計の勉強は面白くない

という三段論法が浸透しています。しかし、これは誤解です。

　会計ルールには**そのルールが作られた背景や趣旨**があります。

　この趣旨を理解すると、会計ルール一つひとつに色がつき、**会計って面白い！**　と実感できるようになるはずです。

　また、**会計ルールはビジネスのルール**ともいえます。

ルールを知らないままスポーツす
ると良いプレーはできないのと同じ
で、**ビジネスのルールである会計ル
ールを知らずに良い結果を残すこと
はできません。**

会計のルールは
ビジネスのルール！
会計を知らずして
ビジネスの成功は
ありません。

簿記では財務諸表の作成方法を勉強する！

では、対して**「簿記」**とは何なのでしょうか？　簿記は**「帳簿記入」**
を略した名称といわれます。

「帳簿」とは、財務諸表を作成するために様々なことを**記録するため
のノート**のことです。

●簿記のイメージ

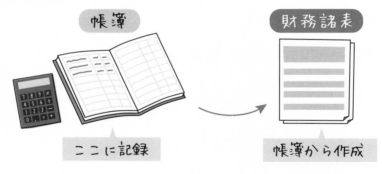

つまり、帳簿記入の略語である簿記というのは、**「帳簿記入の方法」**
について学ぶ科目なのです。

もう少し具体的にいえば、**「財務諸表を作成するための技術・方法を
学ぶ」**のが簿記です。

そのため、簿記を勉強すれば財務諸表が作成できるようになります。

でも、僕は財務諸表を作る仕事なんてする気ないよ！
それなら、簿記は勉強しなくていいよね？

3 簿記は全員が身に付けるべき!

え? 財務諸表なんて作る気ないよって?

確かに、簿記で勉強した内容が直接役立つのは、経理部に配属され財務諸表の作成業務に従事したり、自ら起業して自分の会社の決算書を作ったりする場合だと思います。

逆にいえば、大多数の方は直接簿記を使う場面はありません。

簿記は会計における「言葉」

簿記の勉強は本当に必要ないかというと、そういうわけではありません。

むしろ簿記の勉強は必須です。なぜなら、**簿記は会計における「言葉」**だからです。

会計の言葉である簿記を勉強しないと、会計的な考え方を身につけることができません。

会計の一番の特徴的な部分は、**2面的に捉える**という点です(1時限目でも説明しましたね)。

簿記ができれば、会計の最も特徴的な「2面的に捉える」という思考ができるようになります!

簿記ができるようになると、この「2面的に捉える」という思考が自然とできるようになります。

また、会計では**貸借対照表と損益計算書のつながり**を理解することがとても大事なのですが、これも簿記の知識なしでは理解できません。

このように、**簿記を勉強することで思考の幅がグッと広がる**のです。

なるほど、考え方を学ぶためにも簿記の勉強は必要なんだ。

簿記はスポーツと同じで実践が不可欠

簿記を勉強しなくてもある程度、会計の考え方を理解することはできます。

実際、1時限目では簿記の説明なしで会計の考え方を説明しました。

しかし会計を学ぶうえで大切なのは、「知っている」ではなく**「身に付いた」というレベルを目指す**という点です。

単に、教養として知っておけばよいというものではなく、その知識を使いこなせるようになることに、会計を学ぶ本当の価値があります。

そして、身に付けるためには「実践」が不可欠です。**会計における「実践」とは「簿記」です**。簿記を勉強することが、会計を身に付けるための実践となるのです。

実践が大事というのはスポーツと通じるものがあります。

スポーツではルールや理屈を学ぶよりも、実際にプレーすることでイメージが湧き、身に付いていきますよね。

会計知識を身に付けるためには簿記を勉強することが一番。この点を知っておいてほしいと思います。

ちなみに、簿記を勉強するうえでは、**簿記検定の合格**を目指すことが一番おすすめです。

簿記検定はネット試験が導入され、
いつでも受験ができるように
なりました！
ぜひチャレンジしてみて
ください！

4 | 簿記の全体像

　本書は簿記検定の参考書ではないので、簿記の細かい部分までは説明しません。しかし、会計の本質をおさえるために必要な部分はちゃんと説明します。

　もし、本書をきっかけに簿記検定の勉強をしようと思った場合は、本書で理解した内容が、簿記の勉強の手助けとなるはずです。

　では、まずは**簿記の全体像の確認**からいきましょう。簿記の全体像は次のようになります。

● 簿記のイメージ

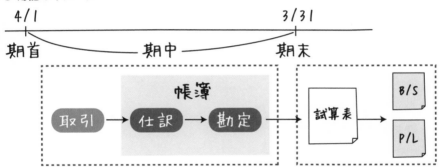

　会社が行った取引が、最終的に財務諸表につながっていますね。

　この全体像の中で一番の肝となるのが、**「仕訳」**です。

　仕訳というのは、記録の方法なのですが、「簿記と言えば仕訳」というくらい重要です。そのため、2時限目では仕訳を中心に説明します。

簿記と言えば、
仕訳です!
ここから先は、仕
訳について、解説
していきます。

02 会計での「取引」とは?

簿記では、**会社が行った取引を仕訳により記録**するところから始まります。「取引」という言葉はイメージがしやすいと思います。

例えば、

- 商品を販売した
- 商品を仕入れた
- 給料を支払った

これらはどれも取引であり、会社は当然に記録します。

では、こちらはどうでしょうか?

- 火災により工場が焼失した
- 窃盗に遭いお金が盗まれた

「取引をした」というでしょうか?

 火災や窃盗は取引なんて言わないよ。

日常では「取引」とはいいませんが、簿記では取引といいます。

なぜなら、火災や窃盗は記録しないといけないからです。

工場が焼失したら、**「建物の減少」**と記録し、窃盗に遭ったら**「現金の減少」**と記録する必要があります。

簿記では**「記録するもの＝取引」**なので、火災や窃盗も取引になるのです。

03 仕訳をマスターしよう！

1 簿記の勉強といえば仕訳！

会社が取引を行ったら、仕訳を行い帳簿に記録します。

ちなみに、仕訳をすることを、**仕訳をきる**といいます。

では、さっそく仕訳の実物を見てみましょう。

（借）現金	100	（貸）資本金	100

この1行が仕訳です。

この仕訳は、**「現金が100円増加した。資本金が100円増加した」**を意味しています。

つまり、仕訳を知っている人からすると、この1行を見ただけで**「株主から100円の出資を受けた」**ということがわかるのです。

 なんとなく読み取れる気がする。

1時限目で財務諸表を勉強したので、なんとなくわかる気がしますよね。

財務諸表がわかっていれば、仕訳を理解するのは簡単です。

仕訳をマスターするためのベースとなるのは、貸借対照表と損益計算書の理解です。

2 借方と貸方！

　仕訳を見てみると、（借）と（貸）という2文字が書かれていますね。これらは、借方と貸方の頭文字です。

　借方と貸方は初耳だと思いますが、意味は簡単です。**借方は左側、貸方は右側**を意味しています。

● 左側は借方、右側は貸方

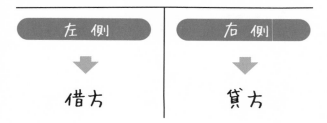

　借方と貸方の「借」と「貸」の意味は考えないようにしてください。「借方（左側）と借金は関係ある」と考えてしまうと非常に混乱します。丸暗記をしてほしいのですが、覚えづらいので、おすすめの覚え方を紹介します。それは**「ひらがなを書いてみる」**です。

● 借方と貸方の覚え方

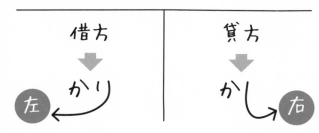

3 仕訳は左右に分かれている！

　仕訳は1行で書かれますが、この1行は借方と貸方に、つまり、左右

に分かれています。この点は財務諸表と同じですね。貸借対照表も損益計算書も左右に分かれていましたが、仕訳も同様なのです。

● 仕訳は借方と貸方に分かれている

（借方）現金100　　（貸方）資本金100

　左　側　　　　　　　右　側

　なお、財務諸表において**資産と費用は借方**、**負債と純資産と収益は貸方**に書かれますが、これはそれぞれの**定位置**です。仕訳をきるうえで、とても重要なのでしっかり頭に入れておいてください。

● 財務諸表の定位置

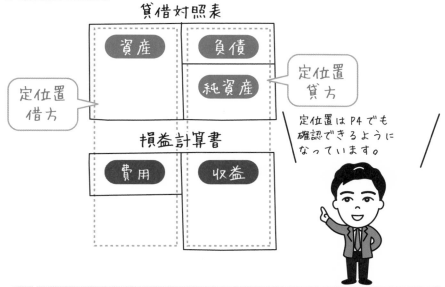

貸借対照表	
資産	負債
	純資産

定位置
貸方

定位置
借方

定位置は P4 でも確認できるようになっています。

損益計算書	
費用	収益

4　おこづかい帳と複式簿記の違い

　簿記の仕訳では、左右の２つに分けるので「複式簿記（ふくしきぼき）」ともいいます。複式簿記と対比されるのが**単式簿記（たんしきぼき）**です。単式簿記の代表例がおこづかい帳です。

　おこづかい帳は**現金の増減のみに注目して記録**します。現金という１

つの要素のみ記録するので、単式簿記です。

　おこづかい帳のような**単式簿記による記録の場合、現金以外は記録ができません。**

　なので、いま借入金の残高がいくらあるかや、当期の利益はいくらかといったことを記録・把握できません。

　財務諸表には、現金以外にも借入金、売上、給料など多くの勘定科目がありました。また、利益も算定しないといけません。さらには、**現金が増減しない取引**も記録しないといけません。

　この点、**複式簿記であれば、すべて解決できる**のです。

5　仕訳のルール

　仕訳は次のルールに基づき行います。

- **変動する勘定科目と金額を、借方と貸方に分けた1行で書く**
- **増加した場合には定位置側に書き、減少した場合には定位置の逆側に書く**

● 仕訳の動きのイメージ

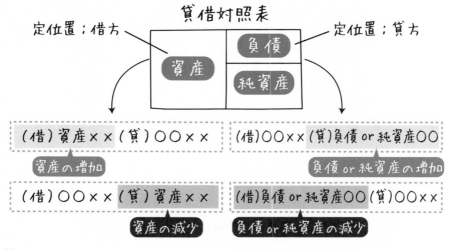

増加したら定位置側に書く

会社設立に際し、株主から現金500円を受け取った。

この場合、貸借対照表では現金と資本金が500円ずつ増加します。これを仕訳にすると次のようになります。

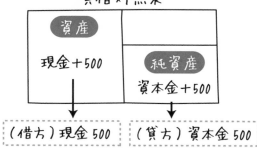

現金も資本金も増加しているので、それぞれ定位置側に書きます。
簡単ですね。もう一つ見てみましょう。

銀行から現金300円を借り入れた。

この場合、貸借対照表は現金と借入金が300円ずつ増加します。

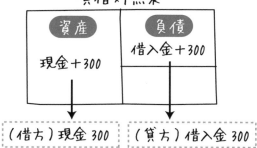

考え方は例1と全く同じです。貸借対照表がわかっていれば、それほど難しくはないですよね？

なんだ、動いたとおりに書くだけなんだ！

ここまではそのとおりですが、そうではないパターンがあります。

減少したら定位置の逆側に書く

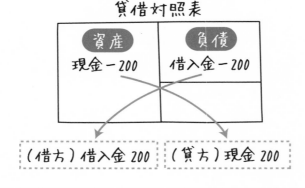

例3 現金200円を支払って、借入金200円を返済した。

借金を返済すると、貸借対照表では現金と借入金がそれぞれ減少します。減少する場合、仕訳では定位置の逆側に記入します。

貸借対照表

資産	負債
現金−200	借入金−200

（借方）借入金200　　（貸方）現金200

算数では、足し算するなら＋の記号、引き算するなら−の記号をつけるルールになってますよね。

仕訳では、**足し算をしたいのなら定位置側、引き算をしたいのなら定位置の逆側に書く**というルールなのです。

算数で記号の意味が分かっていないと何も計算できないのと同様に、仕訳のルールを覚えておかないと会計的に考えることができません。

このルールをしっかり覚えるようにしましょう。

貸借対照表は作れるけど？

続いては利益が変動する取引を見てみましょう！

80

❶ 商品を 300 円で販売した
❷ 人件費 100 円を支払った
❸ 商品を 50 円で販売した
❹ 利息 100 円を支払った

 えーっと、利益が増えるから…

| ① | （借）現金 | 300 | （貸）利益剰余金 | 300 |

 こうかな。あとは、

②	（借）利益剰余金	100	（貸）現金	100
③	（借）現金	50	（貸）利益剰余金	50
④	（借）利益剰余金	100	（貸）現金	100

① 商品を 300 円で販売した

資産
現金 300
+300

負債

純資産
利益剰余金 300
+300

② 人件費 100 円を支払った

資産
現金 200
-100

負債

純資産
利益剰余金 200
-100

③ 商品を 50 円で販売した

資産
現金 250
+50

負債

純資産
利益剰余金 250
+50

④ 利息 100 円を支払った

資産
現金 150
-100

負債

純資産
利益剰余金 150
-100

はい、できましたね。このように仕訳をすれば貸借対照表を作成することができます。

　しかし、財務諸表はもう一つありましたよね。

　損益計算書はどこにいったのでしょうか？

 た、確かに…

利益は収益と費用を使う

　損益計算書は利益の増減理由を示す財務諸表です。

　先ほど利益が増減したら、直接利益剰余金を動かしてましたよね。

利益剰余金を直接増減させる仕訳

① (借) 現金	300	(貸) 利益剰余金	300
② (借) 利益剰余金	100	(貸) 現金	100
③ (借) 現金	50	(貸) 利益剰余金	50
④ (借) 利益剰余金	100	(貸) 現金	100

　利益剰余金の部分を次のように変えたらどうでしょうか？

収益と費用を使った仕訳

① (借) 現金	300	(貸) 売上 [収益]	300
② (借) 給料 [費用]	100	(貸) 現金	100
③ (借) 現金	50	(貸) 売上 [収益]	50
④ (借) 支払利息 [費用]	100	(貸) 現金	100

① 商品を 300 円で販売した

② 人件費 100 円を支払った

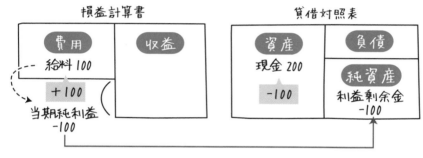

③ 商品を 50 円で販売した

④ 利息 100 円を支払った

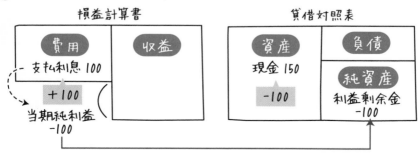

利益剰余金を直接増やしたり減らしたりはせずに、**増えたらその理由、減ったらその理由を示す勘定科目で記録**するのです。

　5要素でいえば、売上は「収益」、給料と支払利息は「費用」です。このように、利益剰余金を直接増減させずに、利益が増えたら収益の勘定科目で、利益が減ったら費用の勘定科目で記録します。そうすることで、損益計算書が作れるのです。

　ちなみに、仕訳では**収益は貸方（右側）、費用は借方（左側）**に出てきます。これは、損益計算書における収益と費用の定位置どおりです。

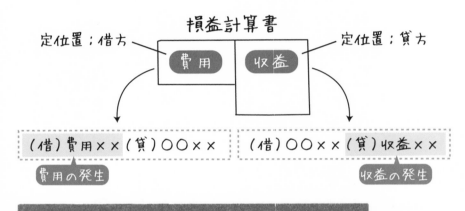

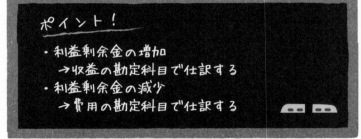

　費用の発生は借方に、収益の発生は貸方に記入します。

6　貸借対照表と損益計算書が同時に作成できる！

　82ページ下の「収益と費用を使った仕訳」をもとに、当期の財務諸表を作成すると次のようになります。

● 当期の財務諸表

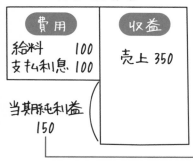

損益計算書

費用	収益
給料　　100 支払利息　100	売上 350
当期純利益 150	

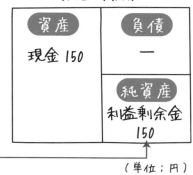

貸借対照表

資産	負債
現金 150	―
	純資産
	利益剰余金 150

（単位：円）

各金額の集計

現金（資産）	：300（①）−100（②）+50（③）−100（④）=150
売上（収益）	：300（①）+50（③）=350
給料（費用）	：100（②）
支払利息（費用）	：100（④）

　収益と費用を用いることで、無事、損益計算書と貸借対照表が作成できましたね。

　仕訳のすごいところはここです。

　損益計算書は、なぜ儲かったのかという**経営成績を示す成績表**、**貸借対照表**はいま何をいくら持っているかという**財政状態を示す成績表**。

　このような多くの情報が載っている成績表を作成すると聞くと、すごく複雑な記録が必要に思えてしまいますが、そんなことはありません。

　仕訳という方法で記録し集計すれば、損益計算書と貸借対照表の両方が完成するのです。

7 仕訳の練習問題

　仕訳と財務諸表の作成について、一度練習してみましょう。ちなみに、問題自体は上記の具体例と全く同じにしています。

- -

問題

❶ 商品を 300 円で販売し、現金を受け取った。
❷ 人件費 100 円を現金で支払った。
❸ 商品を 50 円で販売し、現金を受け取った。
❹ 利息 100 円を現金で支払った。

- -

解答欄

仕訳

（借）	（貸）
（借）	（貸）
（借）	（貸）
（借）	（貸）

● 財務諸表

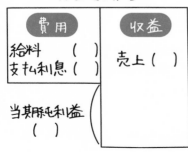

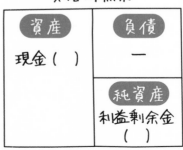

解答

- 仕訳はP82の「収益と費用を使った仕訳」を参照
- 財務諸表はP85を参照

8　仕訳を得意にするためのポイント！

① (借) 現金 [資産+]　　300　　　(貸) 売上 [収益+]　　　300

この仕訳では、「現金」という貸借対照表項目と、「売上」という損益計算書項目の2つを記録しています。

このように、取引によっては、**「1つの仕訳で2つの財務諸表の金額を記録することがある」**という点が仕訳の特徴です。つまり、仕訳を得意にするためには、2つの財務諸表をいっぺんに考えられるようにする必要があるのです。

　考えることが多くて、難しそう…

大丈夫です。考える際のポイントがあるので、伝授しましょう。それは、**「貸借対照表を中心に考える」**です。

「商品を300円で販売し、現金を受け取った。」という取引を例にします。

貸借対照表から考えると、**「現金（資産）」が増加した**ということがわかります。

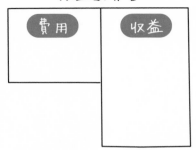

　貸借対照表の左右は必ず一致するので、現金が増加したら、必ず違う項目も増減します。今回は、販売代金の300円は返す必要がないので、純資産が増加することに気づきます。もっといえば儲けなので**「利益剰余金」の増加**です。

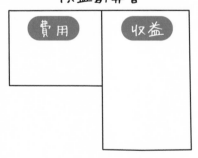

　しかし、**「利益剰余金が増減した場合には、その要因を示す勘定科目を使う」**と習いましたね。よって、利益剰余金が増減する場合には、「収益」または「費用」を登場させます。今回は**利益剰余金の増加なので収益（具体的には、売上）**です。

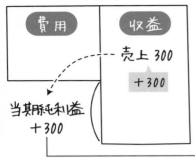

　これで、財務諸表の全体がつかめました。**「現金（資産）の増加」**と**「売上（収益）の発生」**ですね。あとはこれを仕訳にするだけです。資産の定位置は借方、収益の定位置は貸方です。よって、仕訳は次のようになります。

（借）現金 [資産＋]	300	（貸）売上 [収益＋]	300

 おぉ！　仕訳ができた！

　このように、**貸借対照表をベースに考えるのが、仕訳のコツ**です。
また、下記の点も頭の中に入れておくとよりスムーズです。

- 利益剰余金（純資産）の増加 ⇨ **収益の発生**
- 利益剰余金（純資産）の減少 ⇨ **費用の発生**

純資産が増加したら収益、減少したら費用、という点はこの後の説明でもよく出てきます！
このタイミングで、おさえておきましょう！

9 | 簿記の勉強法の注意点

　簿記の勉強について1点注意があります。それは、仕訳を**単純暗記しない**ことです。

　公式を暗記するかのように、この取引はこう仕訳、あの取引はこう仕訳と、仕訳自体を単純暗記してしまうと、応用が一切利かなくなります。

　理解は勉強の基本ですよね。数学でいえば、三角形の公式を意味もわからず「底辺×高さ÷2」と覚えてしまっては応用が利きませんし、すぐに忘れてしまいます。

　一方、底辺×高さで長方形の面積を計算したうえで、それを半分にすれば三角形になるという、成り立ちを理解したうえで押さえていれば、それは一生忘れることのない実際に使える知識となります。

　会計を学ぶうえで大切なのは、「身につける」ことと前に説明しました。身につけるためには単純暗記を目指すような勉強ではなく、理解しておさえることが重要なのです。

　ちなみに、試験では勘定科目は問題用紙に書いてあることが大半です。

　そのため、勘定科目を覚えていなくても問題を解くことはできます。ただ、全く覚えていないと勉強がしづらいので、覚えるのがおすすめです。

　その際に、「売上は収益」、「支払利息は費用」というように、勘定科目と**5要素をセットでおさえる**ようにしましょう。

3時限目

利益って何？ 会計の考え方を学ぼう

この章では、収益や費用がいつ発生するのかを説明します。その他にも会計ルールの背景にある考え方を解説していきます。

01 発生主義会計は会計の中心的な考え方

1 発生主義は会計の土台となる大事なルール

会計を学ぶうえで大事な考え方があります。

それは**発生主義**です。

発生主義とは、**利益は現金の増加額に関係なく計算しよう**という考え方です。一般的な感覚では、利益＝現金増加額というイメージだと思います。

しかし、**会計上の利益と現金増加額は一致しません**。では、「会計上の利益はどのように計算されるのか？」を理解するための糸口になるのが**発生主義**です。

発生主義は、「会計の土台となる考え方」といえるくらい重要です。考え方といっていますが、会計のルールともいえます。

発生主義を知らずに簿記を勉強することは、野球のルールをよく知らないまま野球の練習をするのと同じといえるでしょう。

会計をちゃんとわかるためには、発生主義を理解する必要があるのです。

2 収益と費用をいつ認識するか？

発生主義会計とは、「**価値の増減が発生した時点で収益・費用の認識を行う**会計のこと」です。

発生主義がそもそも何に関する話かというと、「収益と費用を"いつ"認識するか？」という話です。「いつ認識するか」というのは、**「いつの損益計算書に計上するか」**ということです。

例えば、当期に商品を販売した場合に、その収益（売上）を当期の損

益計算書に計上するのか？　それとも、翌期に計上するのか？　ということを決めるためのルールが発生主義です。

 そんなの、「当期に売ったら当期の収益にする」に決まってるじゃん！

では、もし「**掛け売上**（代金後払いの販売）」だったらどうですか？

- ● 当期 ⇨ **掛けで売った（現金増えていない）**
- ● 翌期 ⇨ **その代金を回収した（現金が増えた）**

この場合、当期に現金が増えていませんが、それでも当期の収益とすべきなのでしょうか？

掛け売上に限らず、実際の取引では後払いや前払いが多々あります。そのため、いつの収益・費用なのかを考える必要があるのです。

この点、発生主義会計では次のように考えます。

現金収支時点ではなく、価値の増減時点で収益、費用を認識する

X1年度に掛けで100万円売り上げた場合を考えてみましょう。

● 掛けの売上の場合

＜X1年度＞

①掛け売上100万円をした（代金回収はX2年度）

▼（ということは）

②近々、現金が100万円増えることが確実

▼（なので）

③価値が100万円増えたといえる

▼（だから）

④X1年度に収益100万円を計上する！

というロジックとなり、売った時点、つまり、**X1 年度が収益の認識時点**となるのです。

仕訳で示すと、次のようになります。

（借）売掛金［資産＋］　　100万　　（貸）売上［収益＋］　　100万

※ 売掛金：商品代金を今度払ってねと主張できる権利のこと

● 掛け売上後の財務諸表

このように、**発生主義の下では現金が増えていなくても、利益が生まれます**。会計を勉強しておかないと、利益の金額＝現金の増加額と考えてしまいますが、そうではないのです。

3　現金主義ではダメな理由

現代の会計ルールでは、発生主義を採用しているため、**当期の利益が100万円だとしても、当期に現金が100万円増えているわけではありません**。

実は、現金収支と利益の金額を合わせる**現金主義**という考え方もあります。

上記の掛け売上の例でいえば、商品の売上は、販売したX1年度では

なく、代金を回収するX2年度の損益計算書に計上します。

　現金主義によれば「利益の金額＝現金の増加額」となり、とてもわかりやすくなります。

　しかし、現金主義は採用されていません。それには理由があります。

　現金主義によって財務諸表を作成すると、財務諸表が会社のビジネスの実態を表さなくなるからです。

　上記の掛け売上を、現金主義にもとづき損益計算書を作成すると次のようになります。

● **現金主義に基づいて作成した損益計算書**

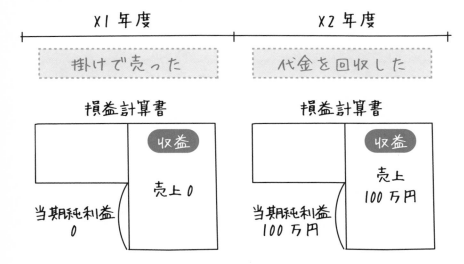

　X1年度は商品を販売しましたが、代金を受け取っていないので、利益がゼロになっています。

　しかし、これは違和感がありますよね。

　入金がまだなくてもX1年度に販売した事実はあります。だとしたら、「X1年度に販売して儲かった」という財務諸表の方が、会社の実態としては適切です。

　つまり、現金主義と発生主義のどちらが**実際のビジネスとマッチするかといえば、発生主義の方ということなのです。**

4 発生主義会計では、価値の増減に着目する

発生主義会計では、

- ● **価値が増加したら収益（利益の増加⬆︎）**
- ● **価値が減少したら費用（利益の減少⬇︎）**

とします。

現金の増減時点ではなく**価値の増減時点に着目**するため、現金収支のタイミングと利益の増減とするタイミングにズレが生じます。この結果、会計では次のようなことが起こります。

- ● **お金をもらっていなくても、価値が増えているなら利益が増える（先ほどの掛け売上の例）**
- ● **お金を払っていても、価値が減っていないなら利益は減らない**

では、肝心の**価値の増減はいつ生じるのでしょうか？**

現金と異なり、価値の増減は目に見えません。そのため、価値の増減タイミングについては、色々な取り決めがあります。今回は、その中でもとりわけ重要なものをピックアップして解説します。

目に見ることができない価値の増減というものを、捉えようとするのが会計です。これ以降の内容が理解できれば、価値の増減が見えるようになるはずです。きっと新たな視点が身につきますよ！

02 商品を売った時点はいつ? 実現主義の考え方

1 売れた時点で収益を認識する実現主義

まずは**収益認識**です。

ここでいう収益は「売上」のことで、**商品を売った時点はいつなのか?**を考えていきます。

販売した商品代金の決済タイミングには、その場で払う以外に後払いと前払いがあります。

---

❶ X1年度に商品100万円の注文を受け、先に代金のうち30万円を受け取った
❷ X2年度に商品を顧客に引き渡した
❸ X3年度に残りの代金70万円を受け取った

では、**各年度の収益(売上)はいくらでしょうか?**

この取引は、代金100万円のうちの30万円が前払い、70万円が後払いとなっており少々複雑です。

しかし、上述したとおり、発生主義会計では価値の増減に着目をしていくので、現金の入金時点は関係がありません。

つまり、代金が前払いか後払いかは関係がないということです。

では、何に注目するかというと、**「商品を相手に渡したかどうか」**です。「商品を相手に渡した＝商品が売れた＝価値が増えた」と考えるのです。

よって、X2年度に収益100万円とし、X1年度とX3年度の収益はゼロになります。商品の販売では、後払い・前払い関係なく「商品を相手に渡したとき」が売ったタイミングとなるのです。

● 各年度の損益計算書

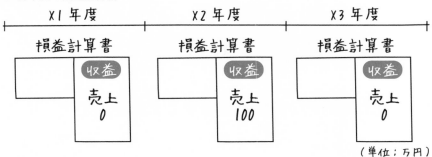

（単位：万円）

 後払いは納得できるけど、先にもらった30万円はお金をもらってるんだし、X1年度の収益にしていい気がするなぁ

　確かに、代金を先にもらった場合、その分だけ価値が増加したと考えることができそうですが、そうは考えません。

　なぜなら、顧客がキャンセルする可能性もあれば、当社が商品を相手に渡せないリスクもあるからです。

　そこで、**先に代金をもらった場合、利益と考えずに「商品を渡す義務＝負債」があると考えて会計処理**をします。

　X1年度を仕訳で表すとこうなります。

（借）現金［資産＋］　　30万　　　（貸）前受金［負債＋］　30万

● 代金を先にもらった場合

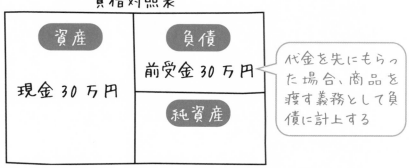

　このように商品を相手に渡したときに収益を認識する方法を、**実現主義**と言います。

　会社は売れることを願って商品を仕入れているので、**商品が売れたら願いが実現した**ことになります。そのため、実現主義というのです。

> 実現主義は、願いが叶ったときに売上を認識するというイメージだね！

2 ｜ 企業会計原則と会計基準

　収益認識は、これまで長い間にわたり実現主義を採用していました。しかし、**近年この考え方が少し変わりました。**

　会計には会計のルールを定めた**ルールブック**があります。

　その一つを**「企業会計原則」**といい、その中に実現主義のことが書いてあります。抜粋してみます。

売上高は、実現主義の原則に従い、
商品等の販売又は役務の給付によって実現したものに限る。
（企業会計原則　第二 損益計算書原則 三）

　少し堅苦しく読みづらいですが、「売上高は、実現主義の原則に従い…」とあり、**願いが実現した時点で収益認識しましょう**ということが書いてあります。

　ところで、この企業会計原則というルールブックはいつできたものなのでしょうか？　なんと、公表されたのは1949年です。だいぶ昔にできたルールブックなのです。そのため、企業会計原則に書いてあるルールの中には現代の状況にそぐわないものが多々あります。

　企業会計のルールが古くなってしまった場合、ルールの改正や新設が行われます。これは新しいルールブックを作るイメージです。その新しいルールブックを**「会計基準」**といいます。

収益認識の新しいルールブック

　収益認識に関しても、最近新しいルールブックができました。

　それを「**収益認識に関する会計基準（以下、収益認識基準）**」といい、2021年4月からこの新しいルールへ変更されたのです。

　新しいルールブックである収益認識基準では、**実現主義を採用していません。**

　従来の実現主義では「**実現したとき（願いが叶ったとき）**」に売上を計上していたのですが、

　収益認識基準では、

> **約束を果たしたときに売上を計上する**

に変更されました。

　約束を果たすことを **「履行義務の充足」** というのですが、とても難しい表現なので、本書では **「約束を果たす」** と表現します。約束を果たすというのは、「顧客の期待に応える」ということもできます。

　例えば、一般的な商品販売では、お客さんは商品を受け取ることを期待しています。収益認識基準では、この期待に応えたときに収益を認識します。つまり、**お客に商品を渡したときに収益を認識する**のです。これが、収益認識基準の考え方です。まとめると、次のようになります。

> **実現主義：売れたとき（＝商品を相手に渡したとき）に収益を認識**
> **収益認識基準：約束を果たしたとき（＝商品を相手に渡したとき）に収益を認識**

 あれ、どっちも商品を渡したときだから、結局同じ？

　そうなんです。収益認識基準という新しいルールブックができたのですが、普通の商品販売取引においては、結果的に実現主義と変わらないのです。

3　製品保証サービス付き商品の販売は？

違いが出るのは**保証サービスをセット販売するような場合**です。
典型例はパソコン販売です。

・・

クイズ **X1年度の売上はいくら？**

・ 当社はパソコンを10万円で販売している。
・ パソコン購入時に追加で2万円を支払えば「2年間は故障しても無償で修理を行う」という保証オプションも販売している。
・ X1年度末にパソコン10万円を販売し、保証オプション2万円も合わせた12万円を受け取った。

・・

当社から見れば、合計12万円でパソコンと保証サービスをセットで販売したということになります。

この取引を、従来の考え方である実現主義と、新しいルールである収益認識基準に照らして考えてみましょう。

実現主義の場合は販売したときに収益認識です。今回は、X1年度末にパソコンと保証オプションを販売しているので、**X1年度に収益12万円**を認識します。

対して、**収益認識基準では約束を果たしたとき**に収益を認識します。

今回の約束は、

---

❶ **パソコンを相手に引き渡す**
❷ **2年間は保証サービスを提供する**

という2つです。ということは、**パソコンの販売時点**では、❶の約束は果たせていても、❷**の約束はまだ果たせていない**ということになります。

そのため、**販売時のX1年度の収益は10万円**だけとなります。

❷は2年間にわたって徐々に約束を果たしていくことになるので、2万円をX2年度とX3年度の2年間に配分します。

● 実現主義と収益認識基準それぞれの損益計算書

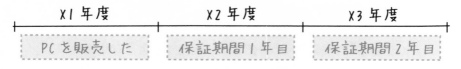

● 実現主義（旧ルール）

● 収益認識基準（新ルール）

　このように、複雑な取引になると実現主義と収益認識基準で売上の金額が変わることになるのです。

> ● 従来：実現主義は、当社の願いが叶ったら収益認識
> ● 今後：収益認識基準では、顧客との約束を果たしたら収益認識

　これは、従来は会社視点で考えていたものが、**顧客視点に変わった**ということです。
　現代では、顧客志向が重要だといわれていますが、会計ルールにもその流れが反映されているのです。

03 費用収益対応の原則

1 費用と収益が対応すれば適切な利益になる！

ここまでは収益について説明しました。次は費用にいきましょう。

費用を理解するうえでとても大切なのが、**費用収益対応の原則**です。

費用収益対応の原則とは、

損益計算書に計上する費用は、収益に対応するものにしましょう

という原則（ルール）です。

費用と収益が対応していれば適切な利益になり、対応していなければ
その利益は適切ではありません。

簡単な具体例を用意しました。

例1 費用と収益を計算する

① 商品を100円で仕入れた

② 従業員の給料100円、店舗の家賃100円を支払った

③ 仕入れた商品を500円で販売した

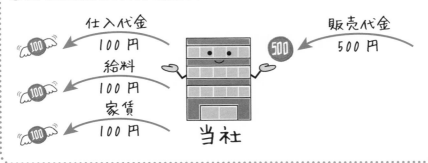

300円かけて500円で販売できたので、利益は200円ですね。

損益計算書にすると次のようになります。

売上原価は、売れた商品の原価（仕入額）のことです！

●損益計算書　P/L

費用		
売上原価	100	円
給料	100	円
支払家賃	100	円

収益

売上　500 円

利益　200 円

実は、この損益計算書、費用と収益が対応しています。
そのため、利益200円は適切な利益になっています。

●費用と収益の対応　P/L

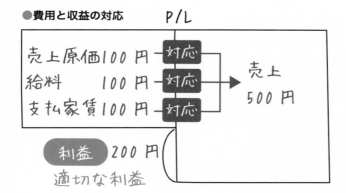

売上原価100円　対応
給料　　100円　対応 → 売上 500円
支払家賃100円　対応

利益　200 円
適切な利益

2　費用と収益の対応とは

当たり前のことですが、費用をかけないと収益は獲得できません。

- **商品を仕入れたから、商品を販売できる**
- **人件費を払ったから、商品を販売できる**
- **店舗を賃借したから、商品を販売できる**

　このように、収益は多くの費用に支えられることによって獲得される
のです。言い換えるなら、**費用は原因で収益は結果**です。
　そのため、費用（原因）と収益（結果）の差額として計算されたもの
が、適切な利益なのです。

●損益計算書での収益と費用の関係

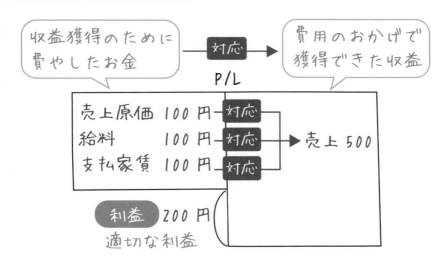

　つまり、費用と収益が対応しているというのは、**「収益とそのための
費用が同じ年度の損益計算書に計上される」**ということを意味します。
　費用と収益には因果関係があり、両者が同じ損益計算書に計上される
ことで、その**因果関係に基づいた利益を算定**することができるのです。

収益と費用が対応していない場合

　逆に費用と収益が対応していない場合、つまり、適切な利益ではない
場合というのはどういう場合でしょうか？
　例えば、費用は1年目の損益計算書に計上され、その費用によって獲
得した売上が2年目に計上される場合は、費用と収益が対応していない
ことになります。

●収益と費用の関係が対応していない損益計算書

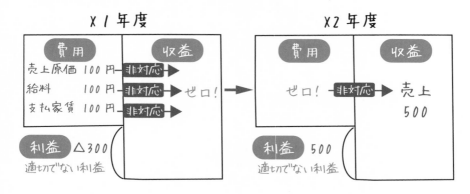

　1年目には原因だけ、2年目には結果だけ、これでは適切な利益とはいえません。

　費用と収益が非対応では、適切な利益は計算できないのです。

　費用収益対応の原則はとても当たり前の話なのですが、その分とても重要です。

　これ以降の話も**費用収益対応の原則の理解が前提**になるので、しっかりおさえておきましょう。

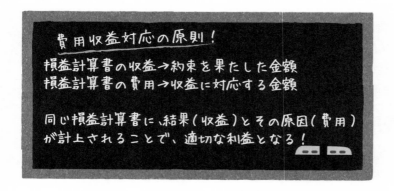

04 個別的対応（売上原価と売上総利益）

1 売上総利益・粗利って？

商品売買による利益を**売上総利益**または**粗利**（あらり）といいます。

例えば、**@100円で10個商品を購入**し、その商品を**@150円で販売**した場合、**売上総利益は500円**です（@は1つの当たりという単価を意味します）。

● 10個売った場合の損益計算書

損益計算書

費用
売上原価
1,000円（10個）

収益
売上高
1,500円（10個）

利益
売上総利益
500円（10個）

個数に注目してみましょう。すべて10個分で一致してますね。

そのため、**10個分の収益と費用が対応**しているので、この500円は適切な利益といえます。

では、次のケースを考えてみましょう。

ビジネスの世界では、「粗利」という言葉はよく出てきます。この機会に覚えておくといいでしょう。

クイズ **費用と収益は対応している？**

X1年度に@100円で商品を10個購入したが、販売できなかった。
その商品はX2年度に1,500円で販売できた（販売単価@150円）

（X1年度）
社長：1,000円分購入したのに、1個も売れなかった…当期は大赤字だ！
この社長の言っていることは、会計的に正しいでしょうか？

　このケースは**購入した年度と、販売した年度が異なるケース**です。
　社長の言っていることが、会計的に正しいかどうかは損益計算書を作ってみればわかります。

● **社長の考えるX1年度の損益計算書**

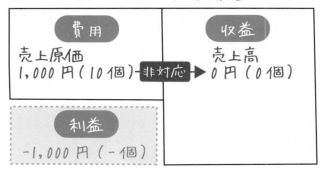

　社長は大赤字と言っているので、社長の想定する損益計算書は上記のようなものです。
　商品の購入代金1,000円が丸々赤字になっています。
　ですが、**個数に注目**してみましょう。費用は10個分に対して、収益は0個分です。これだと個数が一致していないので、**費用と収益が対応していません**。
　つまり、**赤字1,000円は会計的には適切な数字ではない**ということです。

なるほど、個数に注目するんだね！

では、費用と収益が対応した会計的に適切な損益計算書を作ってみましょう。

● **費用と収益が対応した適切な損益計算書**

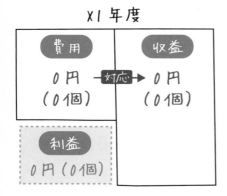

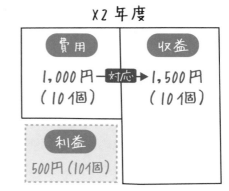

これが適切な損益計算書です。なぜ適切かというと、**販売した個数（収益の個数）と、費用の個数が一致し費用と収益が対応**しているからです。

注目すべきポイントは、**X1年度の費用がゼロ**という点です。

X1年度に購入した1,000円はX1年度には販売していません。つまり、この1,000円は収益獲得に貢献していないのです。そのため、**X1年度の費用はゼロ、この結果、X1年度の利益はゼロ**になります。

 社長の認識は間違っていたということだね

一方、X2年度の損益計算書には、費用1,000円を計上します。

これは、X2年度に販売できたのでX2年度の収益1,500円の獲得に貢献できたからです。

05 期間的対応

1 売上原価と売上の個別的対応とは？

　売上原価1,000円は商品の購入代金で、売上1,500円は商品の販売代金です。

　このように、**売上原価と売上はどちらも「商品」に関する費用と収益**ということがわかります。

　つまり、売上原価と売上は単に因果関係があるだけでなく、**直接的な因果関係がある**のです。このような関係を**「個別的対応」**といいます。

　費用と収益の対応関係は個別的対応だけではありません。もう1つ**「期間的対応」**があります。

2 期間的対応とは

　期間的対応とは、**当期に発生した費用は当期の売上獲得に貢献したとみなす**考え方です。

　例えば、人件費（給料）を考えてみましょう。

　よく「新入社員に対する給料は将来への投資だ」と言われます。

　これは、新入社員はまだ仕事に慣れておらず、1年目や2年目で会社の売上の獲得に貢献できることはごくわずかだからです。数年経験を積むことによって、一人前になり、ようやく会社の売上に貢献ができるようになります。

　このように考えると、**新入社員の給料は将来への期待を込めて支払っている**ということができます。

　つまり、費用と収益の対応関係でいえば、当期の給料のうち、当期の売上に貢献できるのはごくわずかで、大部分は将来の売上への貢献に期待しているといえるのです。

●新入社員への給料のイメージ

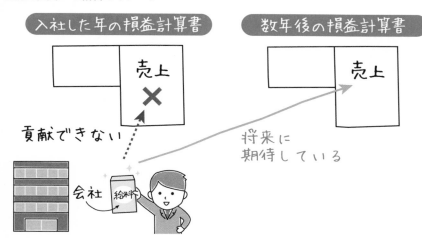

入社した年の損益計算書

数年後の損益計算書

売上 ×

売上

貢献できない

将来に期待している

会社　給料

じゃあ新人社員に給料払っても、当期の人件費はゼロ？

と、なりそうですが、そうとはなりません。

そもそも新人への給料に限らず、誰に対する給料でも多かれ少なかれ将来への期待が含まれています。

だとすると、当期の給料のうち当期の売上に貢献した金額はいくらなのか？　を考えなくてはいけません。

ですが、**その金額って計算できるでしょうか？**

もし計算しようとするなら、会社の判断で自由に決めることになるので、利益操作が自由にできてしまいます。

「当期は利益を増やしたいから、当期に支払った給料は将来への期待を込めたということにして人件費はゼロにしておこう」といった具合です。

そこで、**期間的対応**です。

期間的対応というのは、**「当期の費用は当期の売上に対応している」**とみなす考え方です。

当期の給料は当期の売上に貢献しているとみなしてしまうのです。

よって、新入社員への給料であっても、トップ営業マンへの給料であ

111

っても、当期の給料は、当期の費用とします。

入社した年の損益計算書

給料 —→ 売上

期間的に対応

3 | 期間的対応はいっぱいある

期間的対応が必要になるのは、給料だけではありません。

多くの費用が同じ問題に直面します。

例えば広告宣伝費。広告宣伝費は、テレビCMの放映料といった広告に使った費用です。

今年のテレビCMを見た人が、翌年にその商品を購入するということはよくあります。給料と同じく、当期の広告宣伝費のうちいくらが当期の売上に貢献していて、**いくらが翌期の売上に貢献するかなんてわかりようがありません。**よって、当期の広告宣伝費は全額当期の費用にします。

給料や広告宣伝費だけでなく、店舗の家賃、水道光熱費、借入金の利息などでも期間的対応が必要です。

むしろ、**売上原価以外の費用はすべて期間的対応**なのです。

06 減価償却とは？

1 減価償却費の位置づけ

損益計算書の費用には様々ありますが、その中でも特に特徴的なのが**「減価償却費」**という費用です。

減価償却費は多額になりやすい傾向があります。

費用の金額が大きいと、その期にすごくお金を使ったように感じますが、**実は減価償却費の金額はお金を払っていません。**

 え、どういうこと？

それはこの続きを読めば理解できます。

減価償却費はニュースなどでも話題になりやすいので、しっかりおさえましょう！

2 減価償却を理解しよう

・・

クイズ 毎期の利益はいくらになる？

・ 個人タクシーを始めるために、車両を300万円で購入した。

・ 3年間使用した後は、ボロボロになるので廃車予定。

・ 3年間にわたって毎期の売上は250万円（3年間で750万円）であった。

毎期の利益はいくらになる？

（ガソリン代など、車両の購入金額以外は無視する）

・・

問題文から、毎期の収益（売上）の金額は250万円とわかっています。

なので、あとは費用の金額がわかれば利益の金額がわかります。

とりあえず、3年間の費用総額を考えてみましょう。

89ページで説明したとおり、**純資産の減少額が費用の金額**になります。そのため、貸借対照表の純資産の変動額に注目してみます。

● 貸借対照表の変化

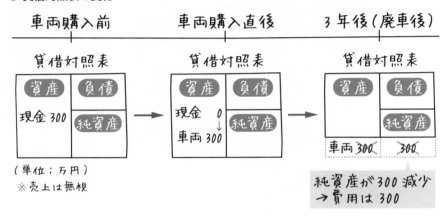

（単位：万円）
※ 売上は無視

車両を購入した直後は、現金が車両に変わるだけなので純資産に変化はありません。

対して、3年経ったら、その車両はなくなってしまいます。そのため、**最終的に純資産が300万円減少する**ことがわかります。

つまり、購入だけを考えたら純資産は変化しないのですが、廃車にすることまで考慮すると、**取得原価の分だけ純資産は減ってしまう**のです。

純資産が減るということは、損益計算書に費用として計上するということです。よって、**取得原価300万円は費用**となります。

この費用を**「減価償却費」**といいます。

取得原価とは、購入金額のことを意味します。取得原価の分だけお金がかかっているので、取得原価は費用になるのです！

3 | 減価償却費はいつの費用？

「いつ」というのは、3年間あるので、1年目、2年目、3年目のいつ、ということです。

> 車両がなくなったのは、廃車したときだから300万円は3年目の費用かな。

確かに、車両という「物」自体は3年目になくなっています。

しかし、だからといって、**3年目に減価償却費300万円とすると、費用収益対応の原則的によろしくありません。**

なぜなら、3年目に減価償却費300万円を計上するということは、逆に言えば、1年目と2年目の減価償却費はゼロにするということだからです。

● 減価償却費を3年目に計上した場合

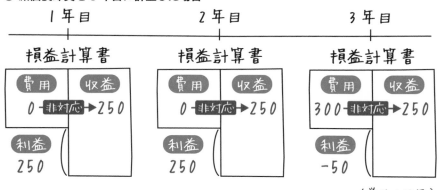

（単位：万円）

1年目、2年目は減価償却費がゼロであるため、タクシーの売上250万円の全額が利益になっています。対して、3年目は車両の取得原価300万円が減価償却費として全額費用になるので**3年目だけ赤字**です。

1年目2年目は費用がまったくかかっておらず、売上全額が利益になっているのは変ですよね。

費用がゼロというのはタダで儲かったことを意味します。しかし、もちろんタダではありません。タクシーの売上250万円を獲得できたのは車両を購入したからですよね。

　因果関係でいえば、取得原価300万円が売上の要因なのです。

　費用収益対応の原則で学んだとおり、利益は**「収益」**と**「その要因となった費用」**の差額で計算されるべきです。

　つまり、3年目に減価償却費を計上した場合の損益計算書は費用と収益が対応していないので、適切ではないのです。

減価償却費は使用する期間で分割する

　一度、3年間トータルの損益計算書を作ってみましょう。

● 3年間トータルの損益計算書

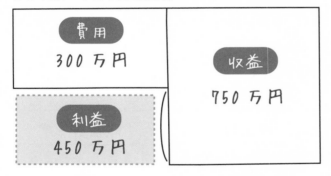

　3年間トータルで見れば、取得原価300万円の車両を購入したから売上750万円を獲得できています。そのため、3年間トータルの利益はこの2つの金額の差額で450万円となります。

　売上は毎期一定。そして、3年間の利益の合計は450万円。ということは、**毎期の利益は150万円と考える**のが自然ですよね。

確かに！

　毎期の利益を150万円にするには、毎期の費用は100万円でなくてはいけません。つまり、損益計算書は次のようになるべきです。

● 3年間のあるべき損益計算書

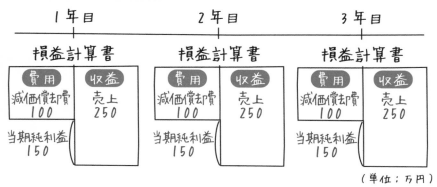

（単位：万円）

　このように、**取得原価300万円を、使用期間にわたり分割して費用にしたものが減価償却費**なのです。

4　減価償却費の仕訳と財務諸表

　減価償却費の仕訳は次のようになります。

（借）減価償却費［費用+］　100万　　　（貸）車両［資産−］100万

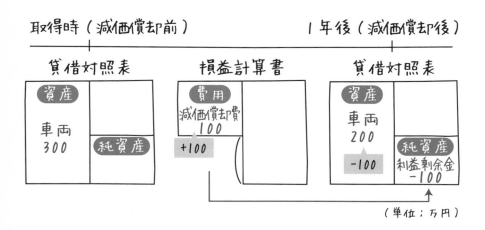

（単位：万円）

上記の減価償却費の仕訳は3年間にわたって、毎期行います。そのため、毎期の損益計算書には減価償却費が100万円計上され、貸借対照表では車両が100万円ずつ減っていくのです。

　ちなみに、使用する期間にわたって費用にするので、減価償却費も期間的対応です。

上記の具体例のように、取得原価を均等配分する計算方法を定額法といいます。減価償却費の計算には、定額法の他にも定率法などがあります。興味があれば調べてみてください。

　減価償却費は理解できましたか？

 タクシーの例で考えたら理解できた！

　良かったです。簡単にいえば、「車両の購入代金を、使用する期間にわたって分割して費用にしていく」のが減価償却です。

　この減価償却は、車両に限った話ではありません。

　長期間使用するために取得した資産の購入代金に適用します。長期間使用する資産を**「固定資産」**といいます（物理的に固定されている資産というわけではありません）。

　固定資産には、建物、車両、機械、備品などが該当します。

　よって、**固定資産が多い企業の損益計算書には減価償却費が多額に計上される**ことになります。

6　減価償却費の大きな特徴！

それは**「現金の支出を伴わない」**という点です。
次の財務諸表を見てください。

●**購入から廃車するまでの貸借対照表**

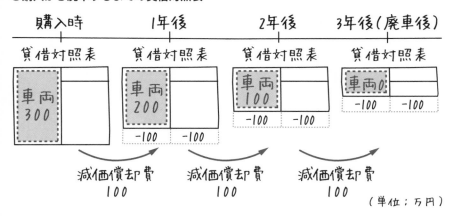

（単位：万円）

損益計算書には毎期、**減価償却費が100万円計上**されています。
しかし、**貸借対照表に目を移すと車両の金額が減っているだけ**です。逆に言えば、現金の金額は減っていません。

普通、当期の費用が100万円といわれれば、当期に100万円支払ったと思ってしまいますが、減価償却費は違います。減価償却費100万円だったとしても、現金を支払ったわけではないのです。このような特徴から、**減価償却費は「非現金支出費用」**ともいわれます。

じゃあ、減価償却費は一切現金の支出がないか？　というと当然そうではありません。減価償却は「固定資産の購入代金を、使用する期間にわたって分割して費用にしていく処理」です。つまり、**一番はじめに購入代金として現金を支払っている**のです。順番でいえば、**現金の減少が最初、減価償却費の計上はその後**なのです。

減価償却費は確かに非現金支出費用ではあるのですが、「その金額は先に支払済み」と理解しましょう。

7 　減価償却からわかること

減価償却には会計的に重要なことがたくさん含まれています。

- ● **貸借対照表と損益計算書のつながり**
- ● **費用収益対応の原則**
- ● **現金支出と費用の違い（非現金支出費用）**

そのため、ここまでの減価償却に関する話が理解できていれば、自信を持って「会計わかってます」と言っていいくらいです。さらに、減価償却を学ぶメリットは会計がわかるだけではありません。

人生においても大事なことを教えてくれます。それは次の2点です。

- ❶ **長期的に考えることが大切**
- ❷ **投資を回収できるかどうかが大切**

8 　長期的に考えることが大切

投資した金額以上に現金を獲得することを、**投資を回収した**といいます。

先ほどのタクシーの具体例では、投資額300万円に対して、獲得した現金総額は750万円なので、ちゃんと投資が回収できていました。

では1年目だけ見るとどうでしょうか?

タクシーの代金300万円に対して、売上は250万円しかありません。

つまり、1年目の現金の増減だけを見るとマイナス50万円になっており、投資が回収できていません。もし短期的な現金の増減だけで考えてしまうと、車両の購入はためらいたくなりますね。

しかし、2年目以降を踏まえれば、投資額以上の売上を獲得しました。

　ここからわかるのは、**「長期間にわたって投資を回収するような場合、短期的な現金の増減ではなく長期的に考えなきゃいけない」**ということです。そして、その考えの発想のベースとなるのが**減価償却**です。

　減価償却を日常生活に応用してみましょう。

　私はCPA会計学院という公認会計士試験の資格スクールの講師です。公認会計士講座の受講料自体は50万円以上するので、かなり大きな投資です。躊躇したくなりますよね。

　ただ、公認会計士になることで得られるリターンはとても大きいです。公認会計士の平均的な給料は上場企業の1.5倍から2倍と言われています。大卒初任給が約400万円なので、公認会計士の初年度は約600万円です。また、50代での平均年収は約600万円に対して、公認会計士は約1,000万円です。

　そこで、以下のようなケースを考えてみましょう。

・・

クイズ　公認会計士を目指すべき？

・公認会計士講座の受講料80万円。公認会計士として40年働く。
・公認会計士になった場合、そうでない場合と比較して年収は200万円高くなるものとする。
※ イメージがしやすいようにわかりやすい数字にしています

・・

　この場合、減価償却的な発想でいえば、公認会計士講座の受講費用は80万円とはなりません。毎年2万円となるのです（80万円÷40年＝2万円）。**分割して考えるのが減価償却**でしたよね。

　受講料が毎年2万円に対して、公認会計士になった場合の毎年の給料アップ額は200万円です。つまり、初年度は**198万円の利益**です。さらにそれがその先も続いていくのです。

　このように減価償却的な発想で考えると、受講料の80万円が違って見えますよね。

　人生は長いので、長期目線で考えることが大切です。しかし、受講料80万円という大金を目の当たりにすると、ついつい目先の投資額に引

っ張られてしまい投資をためらいたくなってしまいます。

　そんなときに減価償却の考えを思い出せば、しっかり長期的な目線で意思決定できるのです。

●減価償却の考え方にあてはめると

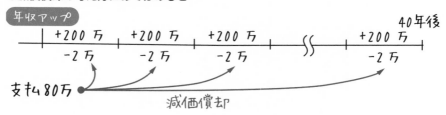

9　投資を回収できるかどうかが大切

　減価償却でわかる大事なことはもう１点あります。

　それは **「投資を回収できるように行動しないといけない」** ということです。

　先ほどのタクシーの例では、300万円の投資を行い総額750万円の収益を得られたので、ちゃんと投資が回収できました。

　しかし、もし仕事を全然頑張らず収益総額が100万円となってしまった場合、トータルで見ても投資は回収できていないことになります。

　どんなに長期目線で考えたとしても、そのための行動をとらないと絵に描いた餅で終わります。投資後はその投資額を回収できるように行動しなくてはいけないのです。

 投資を回収するための行動を取らないといけないんだね！
なんか、一番難しそうだね…。

　より良い人生を歩むためには長期的な視点で考え、そして、**ちゃんと投資を回収できるように行動することが重要**です。

　そのようなことを教えてくれるのが減価償却なのです。

07 引当金とは？

1 引当金って何？

● 引当金

貸借対照表

貸借対照表には「○○引当金（ひきあてきん）」という勘定科目が計上されます。

減価償却と同じく、**引当金も会計の最重要論点の１つであり、ニュース**の記事でもよく見かけます。

「将来の損失に備えて、●●銀行が貸倒引当金（かしだおれひきあてきん）を100万円積み増した」

この見出しを読んで●●銀行は何をしたと思いますか？

100万円のお金を積み立てた感じかなぁ

引当金を積むと聞くと、お金を積み立てて準備したように思えますが、実はそうではありません。

引当金を積むというのは**「将来にお金が減りそうなので、先にその分**

だけ費用にしました」ということを意味します。

　まだよくわからないと思いますが、とりあえず**引当金を積むというのは、お金を用意したわけではない**ということだけ知っていてください。

　引当金のことを知らないとボブのように勘違いをしてしまいます。そうならないためにも、この続きを読んでしっかり理解しましょう！

● ●

クイズ 損害賠償請求を受けたらどうなる？

・X1年度にライバル企業から特許権の侵害だとして、損害賠償請求を受けた。
・X1年度末現在、判決はまだ出ていないが、翌期の判決で1億円の罰金を支払う可能性が高いと見込んでいる。
この訴訟は当期（X1年度）の財務諸表にどう影響する？

● ●

　まずは、引当金というものを一切考慮せずに考えてみます。

　X1年度は何も支払っていません。それどころか、金額も確定していませんし、判決次第では罰金がゼロという可能性すらあります。

　対して、X2年度に罰金1億円が確定したら、それはもう確定事項なので、その1億円はX2年度の費用になります。

　このように考えるとX1年度の費用はゼロとなりそうですが、本当にそれでいいのでしょうか？

● **罰金が確定した年度に費用計上した場合**

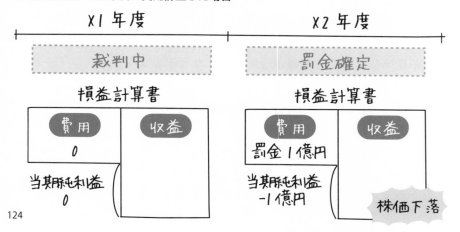

　基本的に株価は会社の業績（利益の金額）に連動します。罰金と株価の関係を考えてみると、X1年度は罰金が業績に表れていないので株価に影響はありませんが、**X2年度には1億円の費用が計上されるため株価が下落**します。

　例えば、あなたがX1年度の財務諸表を見たうえで、この会社の株を購入したとしましょう。X1年度の財務諸表には罰金の影響が反映されていないので、**罰金を支払う可能性があることを知らないまま、株を買うはめになります。**

　その結果、X2年度に罰金が確定し株価が下落したら大損です。

　このようなことが起きてしまっては、財務諸表は使い物になりませんよね。つまり、**確定していなくてもその情報は財務諸表で開示するべき**なのです。

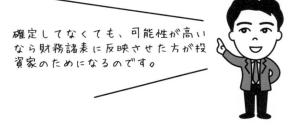

確定してなくても、可能性が高いなら財務諸表に反映させた方が投資家のためになるのです。

　そこで、**罰金による損をX1年度の費用にしてしまいます。**

　ただし、その金額はX1年度では確定していないので、予想金額になります。

　ちなみに、会計では金額を予想することを**「見積る」**といいます。

　将来の費用が予想できている場合は、見積り金額でいいから当期の費用にした方がいいということか。

　そのとおりです。仕訳と財務諸表は次のようになります。

(借)訴訟損失引当金繰入[費用+]1億　　　(貸)訴訟損失引当金[負債+]　1億

● 引当金を計上した場合の X1 年度の財務諸表

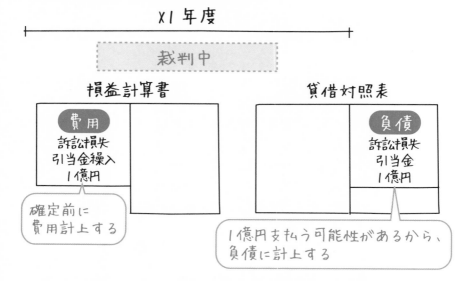

上記の財務諸表では、貸借対照表の負債に引当金が計上されています。

負債ということは、本来は、**将来1億円を支払う必要がある**ということを意味します。

しかし、今回はあくまでも見積り、つまり予想です。

貸借対照表上では、その金額が確定したものなのか、見積りなのかを判断できるようにする必要があります。それが引当金です。

引当金というのは、「見積りですよ」ということなのです。

また、費用の勘定科目は「**引当金繰入**」というものを用います。

2   収益は慎重に、費用は積極的に ― 保守主義

会計には**保守主義**という考え方があります。

保守主義は「**収益は慎重に、費用は積極的に認識しよう**」という考え方です。

楽観的よりもなるべく悲観的にともいえます。

- 楽観的：1億円の罰金を支払う可能性は高いけど、勝訴する可能性も0ではないから、当期の費用にはしないでおこう！
- 悲観的：1億円の罰金を支払う可能性は高いから、まだ確定してないけど当期の費用にしておこう…（→これが保守主義）

　先ほどの例でいえば、**楽観的な財務諸表を開示した場合は、投資家が損をする**可能性があることを説明しましたよね。

　このように、楽観的に財務諸表を作成してしまうと、投資家や銀行に迷惑をかけてしまいます。

　そのため、**なるべく悲観的に会計処理をした方がいい**という考え方があり、これを**保守主義**といいます。引当金の根底にあるのは、この保守主義といえるのです。

3　引当金の4つの要件

　過度に悲観的になり、むやみやたらに予想の費用を計上してしまうと、利益が過少になりすぎてしまいます。そのため、**「引当金は次の要件を満たした場合に計上する」**というルールになっています。

❶ 将来の費用
❷ その原因が当期にある
❸ その金額を見積もることが可能
❹ 発生可能性が高い

　これを**引当金の4要件**といいます。この4要件を満たした場合に引当金を計上します。よって、「勝訴する可能性が高いけど、訴訟損失引当金を計上しちゃおう」ということはできません。

　引当金には様々あるのですが、主要なものをご紹介します。

主な引当金	内容
賞与引当金	将来、従業員にボーナスを払う可能性が高い場合のその予想額
退職給付引当金	将来、従業員に支払うことになる退職金の予想額
製品保証引当金	将来、販売した製品の修理費用がかかる可能性が高い場合のその予想額
修繕引当金	将来、固定資産の補修を予定している場合のその予想額
貸倒引当金	将来、債権が貸し倒れる可能性が高い場合のその予想額

上記のなかでも特にニュースなどで話題になりやすいのが**「貸倒引当金」** です。
<ruby>かしだおれ</ruby>

4 貸倒引当金

貸倒れとは

貸倒引当金は**「貸倒れ＋引当金」** のとおり、将来の貸倒れを見積もった場合に計上されるものです。

貸倒れとは、**お金を回収できないこと**をいいます。例えば、100万円を貸した後に、相手が倒産してその100万円を回収できないことを**「100万円の貸倒れが生じた」** といいます。

また、貸倒れと言いますが、貸している金額に限定されるわけではありません。「商品を掛け（後払い）で販売したが、相手が代金を支払う前に倒産してしまった」という場合も貸倒れといいます。

貸倒れた場合は、貸倒損失という費用を計上します。

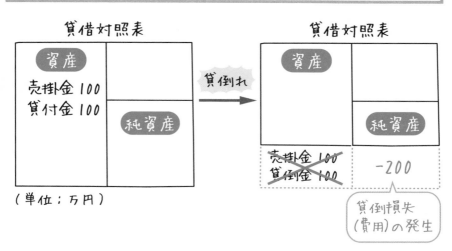

| (借)貸倒損失［費用+］ | 100万 | (貸)貸付金［資産−］ | 100万 |
| (借)貸倒損失［費用+］ | 100万 | (貸)売掛金［資産−］ | 100万 |

貸借対照表　　　　　　　　貸借対照表

資産
売掛金 100
貸付金 100

純資産

貸倒れ →

資産

純資産

売掛金 100
貸付金 100

−200

（単位；万円）

貸倒損失（費用）の発生

※売掛金：商品を後払いで販売した場合の、その代金を回収できる権利
※貸付金：貸した金額を回収できる権利

貸倒引当金とは

　貸倒れには予兆があります。貸し付けた相手の業績が悪化しており倒産しそうという場合もあれば、過去の実績的に売掛金残高の約2％が貸倒れるという場合もあります。

　例えば、次のようなケースを考えてみます。

- ●●銀行はA社〜E社まで5社に対してそれぞれ100万円を貸し付けている
- 当期中にE社の業績が大幅に悪化し、翌期に倒産してしまう可能性がある
- そのため、E社に対する貸付金100万円が貸倒れると見積もった

● 当期における将来予想

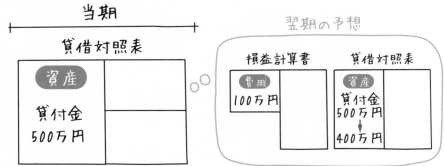

　そこで、当期に貸倒引当金を設定します。貸倒引当金を設定した場合、見積もった費用100万円は当期の財務諸表に計上します。

(借)貸倒引当金繰入[費用+]	100万	(貸)貸倒引当金[資産-]	100万

● 貸倒引当金を設定した当期の財務諸表

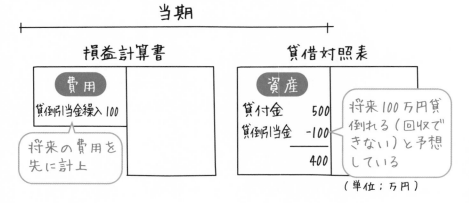

　貸倒引当金の表示がされている場所を見てみてください。貸借対照表の負債ではなく**資産にマイナスとして表示**されています。
　これは、貸付金500万円のうち100万円は回収できないと見積もっているということを示すためです。

3時限目

引当金とは？

100万円の支払義務があるわけではないから、貸倒引当金は負債じゃないのか

　そうなんです。先ほどの訴訟損失引当金のように**貸倒引当金以外の引当金はすべて負債**です。**貸倒引当金だけ例外的に資産のマイナス項目**になります。

5　引当金を積む？　よくある勘違い

　「●●銀行が貸倒引当金を100万円積み増した」といったニュースを見かけることがあります。

　もし、貸倒引当金をあまりよくわかっていなければ、貸倒れに備えて現金100万円準備したのかな、と勘違いしてしまいます。しかし、ここまで読めば分かるとおり、引当金はお金を用意したわけではありません。

　貸倒引当金を積むというのは、将来の費用を当期の費用にするだけなのです。特にそれ以上の意味はありません。

　なぜ貸倒引当金がニュースになるかというと、銀行は**自己資本比率**が重要だからです。

　自己資本比率というのは、**純資産（資本）の割合**のことです（詳しくは8時限目で説明します）。自己資本比率が高いほど、倒産しづらい会社と言えるのですが、貸倒引当金を積むと自己資本比率が悪化します。

純資産は「資本（または自己資本）」ともいいます。次の図では、「資本」と表現しますね。

● 自己資本比率と資産や資本との関係

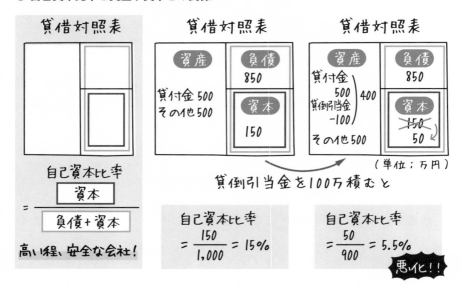

銀行は**自己資本比率の規制**が厳しく、8％を下回ってはいけないことになっています。貸倒引当金を積み増すと、その規制に引っかかる可能性があるのです。

銀行は金融の中心的業務を担っているため、仮に銀行がその規制に引っかかった場合、経済は大混乱します。

それと同時に、銀行の資産は貸付金が大部分を占めており、普通の会社よりも**貸倒リスク**を大きく抱えています。

そのためニュースになりやすいのです。ちなみにその規制のことを**バーゼル規制**（またはBIS規制）といいます。

なるほど！　銀行はバーゼル規制があるから、貸倒引当金が増えるとニュースになるんだね！

08 取得原価主義と時価主義

1 取得原価主義と時価主義を知ろう

　ここまでは、収益認識、減価償却、引当金という論点を説明してきました。いずれも収益や費用という損益計算書に関する話が中心でしたが、今回の**取得原価主義**と**時価主義**は、貸借対照表を中心とした論点です。

　ここでの論点は、**「貸借対照表に計上する資産の金額をいくらにしようか？」**です。

　貸借対照表の計上額を決めることを、**「資産を評価する」**というので、評価の論点といえます。

　ただ、貸借対照表の論点といっても、貸借対照表と損益計算書はつながっています。そのため、利益にも関係します。

· ·

クイズ 我が社の資産はいくら？

・ 当期末において、100円で仕入れた商品を在庫として保有している。
・ その商品の販売価格は150円である。

貸借対照表の商品（資産）はいくらにする？

· ·

　これは、「我が社が保有している商品は○○円分です！」の○○円分を、取得原価（購入金額）の100円と販売価格の150円のどちらにするか？という問題です。

　先に解答を言ってしまうとこの解答は**取得原価**、つまり100円です。

あれ、150円で販売するなら、150円の価値があるということだから、売価の方が実態を表すんじゃない？　お店の商品も値札は全部、売価で示しているわけだし。

確かに、それも一理ありそうです。では、ちょっと質問を変えてみます。

クイズ 利益はいくら？

・当期末において、100円で仕入れた商品を在庫として保有している。
・その商品の販売価格は150円である。
当期の利益は50円と言っていい？

> ん？ 売ってないのに儲かったって言い張っていいかってこと？ それはさすがにおかしいでしょ。

そうですね。収益認識でも学習しましたが、**利益は売ったら認識します**。売ってないのに利益を計上するのはおかしいです。

ボブは先ほど「商品の金額は150円にすべき」と言っていましたが、実は、その意見は、「売ってなくても利益を認識すべき」と言っているのと同じなのです。つまり、ボブは矛盾した解答を示しています。

> え？ どういうこと？

「今売ったら、いくらで売れる？」という金額を**「時価」**といいます。また、資産の金額を時価にすることを**「時価評価する」**と表現します。

では、時価評価した場合の貸借対照表の変化を考えましょう。

● 貸借対照表の変化

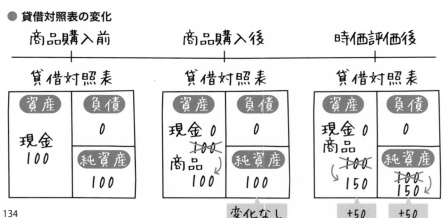

134

　商品の購入前と購入後を見比べると、現金100円が商品100円に変化しただけなので、資産の内訳が変化したに過ぎません。

＜購入時の仕訳＞

(借)商品[資産＋]	100	(貸)現金[資産−]	100

　しかし**時価評価後の貸借対照表**を見てください。商品を時価評価してみると、**商品という資産が50円増加する結果、純資産も50円増加**することになります。

　純資産が増えたということは、「儲かった」ことを意味します。

＜時価評価した場合の仕訳＞

(借)商品[資産＋]	50	(貸)評価益[収益＋]	50

　会計では常に2面的に捉えることが重要です。商品の金額を50円増やすということは、もう1つの側面では収益が50円生じてしまうということになるのです。

 なるほど…

　「時価評価する＝売っていないのに利益を計上する」ということがわかりましたか？

2　未実現利益 ― 売れていないのに利益？

　商品の時価評価益50円のように、**売れてないのに計上した利益を「未実現利益」**といいます。まだ願いが実現していないから未実現というわけです。

　未実現利益は計上してはいけません。

- そもそも本当に売れるかもわからない

  （売れ残ってしまい、廃棄する可能性があります）
- また、いくらで売れるかもわからない

  （人気がなく、値下げせざるを得ない可能性もあります）

　それにも関わらず、「売ったら50円儲けになる！　だから当期の利益は50円」とするのは、取らぬ狸の皮算用です。そのため、未実現利益の計上は当然にダメです。

　「時価評価する＝未実現利益を計上する」ということであるため、時価評価も当然に認められません。よって、**貸借対照表の計上額は取得原価**になります。

　貸借対照表に商品が計上されていても、それは原価であり売価ではないということを知っておきましょう。

3　取得原価主義 ― 取得したときの原価で評価

　貸借対照表の資産の金額を取得原価にすべきという考え方を **「取得原価主義」** といいます。

　一方、時価にすべきという考え方を **「時価主義」** といいます。

　取得原価により貸借対照表を作成することで、未実現利益の計上を防ぐことができるので、**基本的に取得原価主義が採用**されています。

取得原価主義のデメリット

　ただ、取得原価主義にもデメリットがあります。

　それは、今の資産価値を適切に表せないという点です。

　例えば、大昔に銀座の一等地を10万円で購入した会社があったとします。

　昔と現代では貨幣の価値は違います。そのため、当時10万円の土地が、今となっては100億円になっているということもあります。

　しかし、取得原価主義の場合、あくまでも買った金額で資産を評価す

るので、貸借対照表の土地の金額は10万円のままです。

　本来は100億円の価値がある土地でも貸借対照表では10万円。このように、取得原価主義では時価評価をしないので、**貸借対照表に計上されている金額がいまの資産価値を表現できなくなる**のです。

● 取得原価主義のデメリット

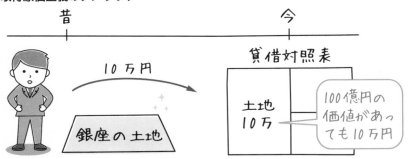

4　株式は時価評価する

　資産で**時価評価するもの**はないのでしょうか？

　実はあります。有価証券です。**有価証券**というのは**株式**です。会社も他社の株式を保有することがあります。

　会社が株式を持っている場合、その株式は時価評価します。

●取得原価が100円	●時価が150円

　この場合、貸借対照表の株式は150円の**時価で計上**します。つまり、売却していなくても50円の利益を認識します。

　株式の場合、なぜ時価評価しても良いのか？　なんとなく感覚的にわかりませんか？

　持っている株式の株価が上がったら、まだ売ってなくても「よし、儲かってるな」って感じるなあ

そうですよね。株式の場合、売ってなくても儲かったと考えるのが自然なのです。なぜなら、次の特徴があるからです。

● 証券市場でいつでも売れる
● 時価がちゃんとわかる

時価評価しても、利益にしない場合があるのですが、その内容は4時限目で確認します。

いつでも売却できる

商品は、それが売れるかどうかはお客さん次第です。お客さんが「買う」と言ってくれなければ販売できませんよね。

対して**株式の場合、自分次第でいつでも売却できます**。いまはインターネット上で取引するのが普通ですが、株式を売却したいと思ったら、クリックするだけで売却ができます。

時価がちゃんとわかる

土地の売買は滅多に行われないので、その土地が今いくらなのか？ということは簡単にはわかりません。なので、仮に土地を時価評価しようとしてもテキトーな金額（主観的な金額といいます）になってしまいます。

株式の場合、インターネットで調べれば**簡単にその時価はわかります**。なので、**株式の時価には客観性があります**。

このように、いつでも売却することができて、その金額に客観性もあるのが株式の特徴です。このような特徴があるなら、売却していなくても値上がった分は儲けにしていい、と会計では考えるのです。

もちろん、**値下がりしている場合にも、時価評価して下がった分を費用として認識します**。

まとめ

● 商品や固定資産など：取得原価（売却するまで利益にならない）
● 有価証券（株式）：時価（売却しなくても利益になる）

09 費用と損失

1 損失とは？

費用に似た概念に**「損失」**というものがあります。

費用収益対応の原則の説明した際に、**費用は収益の獲得に貢献した金額**ということを説明しました。

対して、損失は**収益の獲得に貢献しないまま、一方的に生じた損**のことをいいます。

・・・

例1 火災損失を考えてみよう

・当社は100万円の工場を保有していた。
・その工場が火災により焼失してしまった。

・・・

貸借対照表の変化を考えてみると、火災により建物（工場）が減少するので、純資産が100万円減少します。ということは、費用の発生となりそうですが、この100万円は売上獲得に一切貢献していません。費用収益対応の原則的には、費用にならなそうです。

● **火災発生による財務諸表の変化**

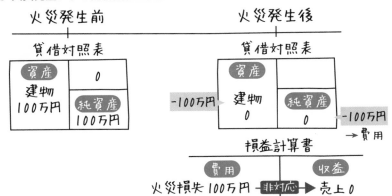

139

しかし、火災によって資産を100万円分失っている事実はあります。そのため、この100万円を損益計算書に計上しないのはおかしいです。

　このときに知っておくべき概念が**「損失」**です。火災損失のように、会社の費用の中には収益の獲得に貢献しない、**一方的な損**が存在します。

　このような損は「損失」と呼び、**発生した期の損益計算書に計上**されます。

　損益計算書に計上されている費用のすべてが収益の獲得に貢献しているわけではないのです。

● 費用と損失のイメージ

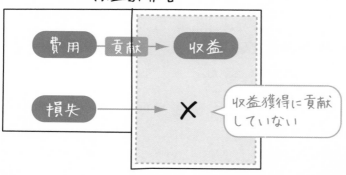

身近な例で言えば、お金を落としちゃった場合が損失です。

2　利益って実は曖昧

　ここまで、収益と費用について色々なケースを見てきました。

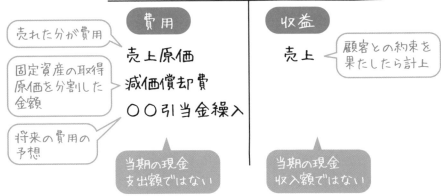

このように計算された**収益と費用の差額が当期純利益**になります。

こうしてみると、**現金収支とは関係なく収益と費用を計算する**ことがわかりますね。

会計を勉強しなければ「当期の利益＝当期の現金増加額」と思ってしまいますが、ここまで勉強したあなたなら「それは違う」ということがおわかりいただけたのではないでしょうか？

3 見積りだらけの会計の数値

減価償却費では「使用する期間にわたって費用を計上する」ことをしますが、この「**使用する期間（耐用年数といいます）**」は購入時に見積もります。

見積りである以上、耐用年数のとおりに使うとは限りません。もっと早く処分する可能性もあれば、耐用年数以上に使用することもあります。

また、**引当金は将来の費用を見積もって、それを当期の費用にします**。

このように、会計数値には会社の見積りが多く含まれます。利益は現金の増減額に一致しないどころか、予想も多く含んだ数字なのです。

4　利益はオピニオン

以上の特徴から、**利益は「会社のオピニオン（意見）」**と言われます。

もし、**当期の利益＝当期の現金の増加額**となるなら、それは**「事実」**です。

しかし、会計上の利益は会社の予想を含んでいるので「事実」ではなく、**「意見」**なのです。「我が社は色々見積もった結果、当期の儲けは650万円と考えています」というイメージです。

ただ、もちろん会計数値がテキトーだということではありません。会社は色々な情報や過去の経験を踏まえたうえで適切に見積もります。

また、それが妥当かどうか公認会計士がしっかりチェックしています。もし万が一、以前に作成した財務諸表に誤りがあった場合は、訂正報告書というものを公開します。

5　会計の考え方を知ることが大事

では何が大事かというと、**会計の考え方を知り自分で考えられるようにする**ことです。

会計数値は絶対的な事実ではありません。このことがわかっていれば、財務諸表の数字をただ鵜呑みにするのではなく、中身を検討し、仮説を立てられるようになります。

また、**減価償却は大きな投資をする際の判断の仕方**を教えてくれます。

引当金からは、**将来の見積りを考慮することの重要性**がわかります。

このように会計の考え方は人生においても役に立てることができるのです。本書を読んでくださっているみなさんには、ぜひ会計を自分のものにし、使いこなせるようになっていただきたいと思っています。

その力のベースとなるのが、本書で解説をした（そして、この先も解説していく）会計の基礎知識・考え方なのです。

本物の貸借対照表と損益計算書の読み方を知ろう！

実際の財務諸表を用いて、貸借対照表と損益計算書の詳細について解説していきます！

01 貸借対照表を見てみよう

1 実際の貸借対照表はこうなっている

これが実際の2021年3月期の任天堂の貸借対照表です。

●任天堂 2021 年 3 月期　連結貸借対照表

（単位：百万円）

	当連結会計年度 （2021年3月31日）
資産の部	
流動資産	
❶　現金及び預金	1,185,151
❷　受取手形及び売掛金	140,570
有価証券	557,238
❺　たな卸資産	86,817
その他	50,692
❸　貸倒引当金	△94
流動資産合計	2,020,375
固定資産	
有形固定資産	
❹　　建物及び構築物（純額）	42,230
工具、器具及び備品（純額）	4,783
機械装置及び運搬具（純額）	1,591
土地	34,785
建設仮勘定	178
有形固定資産合計	83,569
無形固定資産	
ソフトウエア	11,106
その他	3,815
無形固定資産合計	14,922
投資その他の資産	
❻　　投資有価証券	214,832
退職給付に係る資産	8,205
繰延税金資産	82,819
その他	22,194
貸倒引当金	–
投資その他の資産合計	328,051
固定資産合計	426,543
資産合計	2,446,918

	当連結会計年度 （2021年3月31日）
負債の部	
流動負債	
支払手形及び買掛金	114,677
賞与引当金	5,227
未払法人税等	157,307
その他	249,119
流動負債合計	526,331
固定負債	
退職給付に係る負債	21,001
その他	24,970
固定負債合計	45,972
負債合計	572,304
純資産の部	
株主資本	
資本金	10,065
資本剰余金	15,043
利益剰余金	1,993,325
自己株式	△156,851
株式資本合計	1,861,582
その他の包括利益累計額	
その他有価証券評価差額金	33,571
為替換算調整勘定	△20,782
その他の包括利益累計額合計	12,788
非支配株主持分	243
純資産合計	1,874,614
負債純資産合計	2,446,918

　情報量がとても多いですが、実はここまで勉強した知識だけでも色々なことが読み取れます。

　例えば、合計数値に注目すると、次のような状況がわかります。

貸借対照表

| 資産
2兆4千億円
（2,446,918百万円） | 負債
5千7百億円
（572,304百万円） |
| | 純資産
1兆8千億円
（1,874,614百万円） |

> 1時限目で習った貸借対照表と同じ形式になった！
> これなら意味がわかるぞ。

　もう少し詳細に見てみましょう。まずは資産の一番上にある**「❶現金及び預金」**が1.1兆円もあります。資産合計が2.4兆円ですので、資産の約半分はお金として持っており、非常にキャッシュリッチな状況にあることがわかります。

　負債合計は5,723億円なので、手もとのお金からすぐにでも全額返済できてしまう状況にあるということです。

　一方、現金及び預金のすぐ下の**「❷受取手形及び売掛金」**は1,405億円あります。これは、後払いで売った金額のことで、将来お金に変わる予定の金額を意味します。

　ただ、少し下の方を見てみると**「❸貸倒引当金」**がありますね。1,405億円のうち、9,400万円は回収できないと見込んでいるということがわかります。

　固定資産に目を向けると、**「❹建物及び構築物（純額）」**とあります。純額というのは、取得原価から減価償却した分を引いた金額ということ

を意味しています。土地は減価償却しませんので、土地には純額とは書いてありません。

あとは、「❺たな卸資産」と「❻投資有価証券」。たな卸資産は商品の在庫のことで、投資有価証券は短期的には売却予定がない有価証券のことです。どちらも最終的には売却するものですが、取得原価主義と時価主義で勉強したとおり、金額の意味は異なります。

たな卸資産は原価で、投資有価証券は時価です。たな卸資産は売れる値段を意味していないので注意しましょう。

負債の方に目を向けると、「借入金」がないことがわかります。借金をする必要がないほど、お金を潤沢に持っていることがわかりますね。

2　資産と負債は流動と固定に分かれている！

さて、ここからは新しい話をしていきます。

まずは財務諸表の名前。よく見ると、**「連結貸借対照表」**と書いてあります。**連結**とありますが、その仕組みは普通の貸借対照表と同じです。

何を連結しているのかというと、**「子会社の貸借対照表」**です。詳しくは6時限目で解説します。

続いて、資産と負債を見ると、**流動資産と固定資産、流動負債と固定負債、それぞれ流動と固定に分かれています。**

流動と固定の分類を理解することが、貸借対照表を分析する際にはとても重要です。

流動資産　注目！	
現金及び預金	1,185,151
受取手形及び売掛金	140,570
有価証券	557,238
たな卸資産	86,817
その他	50,692
貸倒引当金	△94
流動資産合計	2,020,375

固定資産　注目！	
有形固定資産	
建物及び構築物（純額）	42,230
工具、器具及び備品（純額）	4,783
機械装置及び運搬具（純額）	1,591
貸倒引当金	－
投資その他の資産合計	328,051
固定資産合計	426,543

3 ｜ 流動と固定の分類を理解する

クイズ この会社は大丈夫？

・資産合計100万円（内訳は、現金10万円、売掛金10万円、建物80万円）
・負債合計60万円（すべて借入金。なお、60万円のうち、翌期中に返済期日
　が到来するものは50万円）

負債60万円よりも、資産100万円の方が大きいので、この会社は倒産しそう
にない？

 2時限目（67ページ）で学んだとおりなら、必ず安全とは
言えないはず。

　そうですね。**資産の大部分が建物**なので、翌期中に借入金を返済でき
ずに倒産する可能性が高いです。この点を明確に示すために行うのが、
流動・固定分類です。流動・固定分類を行って貸借対照表を作成する
と、次のようになります。

貸借対照表

流動資産		流動負債	
現金	10万円	借入金	50万円
売掛金	10万円	固定負債	
		借入金	10万円
固定資産			
建物	80万円		

　簡単にいうと、資産のうち、**1年以内に現金になるもの**が**流動資産**、
それ以外が固定資産です。
　同じく、負債のうち、1年以内に返済しないといけないものが**流動負
債**、1年以内に返済しなくていいものが**固定負債**です。

「**流動資産＞流動負債**」となっていれば、その会社は短期的には大丈夫と判断できます。

　上記の貸借対照表は、「流動資産20＜流動負債50」なので、倒産可能性が高い状況です。

　ちなみに、任天堂は次のようになっています。

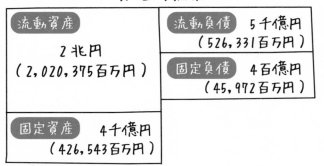

貸借対照表

流動資産 2兆円 （2,020,375百万円）	流動負債　5千億円 （526,331百万円）
	固定負債　4百億円 （45,972百万円）
固定資産　4千億円 （426,543百万円）	

　まったく心配いらないことがわかりますね。

　このように、1年以内に決済されるかどうかで流動と固定を分類する方法を「**1年基準**」といいます。

 流動か固定は動くか動かないかじゃなくて、1年以内に現金になるかどうかなんだね！

　1年基準には例外があります。それは、会社の本業（商品売買）に関係する資産・負債です。1年基準関係なく、商品売買に関係するものは、必ず流動項目となります。

　なお、説明の便宜上「1年基準の例外」と表現しましたが、「①まず商品売買に関係するかどうかを考え、②そうではない資産・負債は1年基準に当てはめる」というのが、流動・固定分類の理論上正しい順序です。

●必ず流動項目となる資産・負債の具体例

分類	勘定科目	意味
資産	売掛金・受取手形	商品を後払いで販売した場合の、代金をもらう権利
	棚卸資産	保有する在庫（商品や製品）、製作途中の製品（仕掛品や材料）
	前払金	商品の購入代金を前払いした場合のその前払額（商品を受け取る権利）
負債	買掛金・支払手形	商品を後払いで購入した場合の支払義務
	前受金	商品の販売代金を先に受け取った場合のその前受額（商品を引き渡す義務）

　本業に関係する資産・負債は会社にとって重要項目なので、目立つように貸借対照表の上の方（流動資産）に計上するのです。この分類を「正常営業循環基準」といいます。

・・・

クイズ 流動資産はいくら？

・当社はワインを製造販売しており、ワインセラーにワインが2本入っている。
・ワインAは翌月に熟成し、1年以内には販売予定である。
・ワインBは熟成するまであと2年要する。

ワインAとBは流動資産と固定資産のどちらに計上される？
・・・

　答えはワインA・Bともに流動資産です。
　ワインの製造販売が本業なので、ワインA・Bは本業に関係する資産です。そのため、正常営業循環基準によりどちらも流動資産の区分に表示されます。流動資産だからといって、必ずしも1年以内に現金に変わるものってわけではないので注意しましょう。

●流動項目と固定項目の具体例

資産の部	負債の部
流動資産 　現金・預金　受取手形 　売掛金　　　棚卸資産	流動負債 　支払手形　短期借入金 　買掛金　　未払法人税等
固定資産 　（有形固定資産） 　　建物　　　車両運搬具 　　土地　　　工具器具備品 　（無形固定資産） 　ソフトウェア、のれん 　（投資その他の資産） 　投資有価証券 　繰延税金資産	固定負債 　長期借入金 　退職給付引当金

4　流動性配列法と固定性配列法

　　流動・固定に関して、貸借対照表の作成方法には**流動性配列法**と**固定性配列法**の２つがあります。

　　流動性配列法とは**流動項目➡固定項目という順番で貸借対照表を作成**する方法をいい、大部分の会社において流動性配列法が採用されています。

　　逆に、**固定項目➡流動項目という順番で貸借対照表を作成する**方法を固定性配列法といいます。

●流動性配列法

貸借対照表
〇年〇月〇日

資産	負債
流動資産	流動資産
固定資産	固定資産
流動性が高い順番	流動性が高い順番
	純資産

●固定性配列法

貸借対照表
〇年〇月〇日

資産	負債
固定資産	固定資産
流動資産	流動資産
流動性が低い順番	流動性が低い順番
	純資産

固定性配列法は電力会社など、資産の大部分が固定資産であるという場合に採用されています。

5　固定資産は3つに分かれる

続いて、貸借対照表の固定資産をよく見てみましょう。固定資産はさらに3つの区分に分かれています。

固定資産の内訳

❶有形固定資産

建物など、物理的な形態を有する固定資産

（**具体例**：建物、車両、土地）

❷無形固定資産

法律上の権利など、物理的な形態を持たない固定資産

（**具体例**：ソフトウエア、特許権、商標権、のれん）

❸投資その他の資産

長期的に保有する目的の金融資産等（**具体例**：投資有価証券、繰延税金資産）

6　純資産

純資産は「会社法」も関係するので、資産・負債よりも理解するのが難しいです。そのため、深く突っ込まずにコンパクトに要点だけ押さえるのがおすすめです。

純資産の一番のポイントは、純資産の金額は**「今持っているお金ではない」**という点です。

1時限目で説明したとおり、純資産は資金の出どころを意味しており、いまその金額が会社にあるわけではありません。この点は、とても勘違いしやすいところなので注意しましょう。

株主資本の内訳

　純資産は株主に帰属するので、**株主資本**ともいいます。

　大まかに捉えるうえでは、**純資産＝株主資本**と考えて構いません。

　実際に貸借対照表を見ると、純資産のすぐ下に「株主資本」と書かれていますよね。

　株主資本は大まかに次の３つに分けて見るようにしましょう。

---

❶ **資本金・資本剰余金**

❷ **利益剰余金**

❸ **自己株式**

資本金・資本剰余金

　資本金・資本剰余金は、純資産の増加額のうち**株主からの出資により増加した金額**のことです。いわゆる元手といわれる金額です。

　資本金と資本剰余金の２つに分かれていますが、これは会社法の規定によるものなので、**２つまとめて「元手」**と考えましょう。

利益剰余金

　利益剰余金は、純資産の増加額のうち利益により増加した金額のことです。

● **利益を上げるほど、利益剰余金は増加する**

● **赤字になると、利益剰余金は減少する**

　このような関係にあり、利益剰余金は過去の利益の蓄積といえます。利益剰余金の金額が大きければ、今までにたくさん利益をあげた会社というわけです。任天堂の利益剰余金を見てみましょう。

　元手に対して、莫大な利益を計上してきたことがわかりますね。

　なお、利益剰余金が減少する要因は赤字だけでなく、**配当**もあります。

配当は、稼いだ利益を株主に分配することです。**配当金を支払った場合、利益剰余金は減少**します。極端な話、稼いだ利益の全額を配当した場合、利益剰余金はゼロのままということです。

利益剰余金が減少には、「赤字」と「配当」の2つの要因があり、意味合いは全然違うので注意しましょう。

●任天堂の元手と利益

※ 元手は資本金と資本剰余金の合計

- 利益剰余金が赤字により減少：株主にとっては悲しい
- 利益剰余金が配当により減少：株主にとっては嬉しい

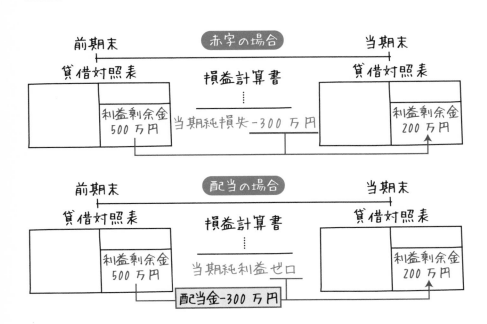

自己株式

　最後に**自己株式**。これは**出資額を株主に払い戻したこと**を意味します。

　例えば、「数年前に株主から1,000万円の出資を受けたけれど、いま100万円が余っていて、特に使い道もない」という場合、その100万円を会社が持っていても、あまり意味がありません。このような場合、その100万円を株主に払い戻すことがあります。

　この払い戻した金額が自己株式です。払い戻した分だけ、純資産は減少するのでマイナス記号をつけて表示します。

　出資の払い戻しは、株主が持っている株式を会社が買い戻すことで実行するので、自己株式と呼ぶのです。

●自己株式

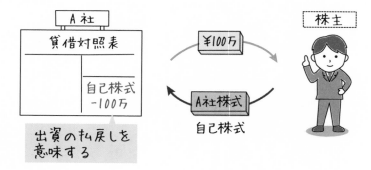

株主資本とそれ以外

基本的には**純資産＝株主資本**となるのですが、例外として**株主資本にならない項目**がいくつかあります。

その代表例が**その他の包括利益累計額**と**非支配株主持分**です。

非支配株主持分は6時限目の連結会計のところで説明

負債合計	572,304
純資産の部	
株主資本	
資本金	10,065
資本剰余金	15,043
利益剰余金	1,993,325
自己株式	△156,851
注目！ 株主資本合計	1,861,582
その他の包括利益累計額	
その他有価証券評価差額金	33,571
為替換算調整勘定	△20,782
注目！ その他の包括利益累計額合計	12,788
非支配株主持分	243
純資産合計	1,874,614

するので、ここではその他の包括利益累計額についてのみ説明します。

その他の包括利益累計額を一言でいえば、**「未実現の利益」**です。**「資産の含み益」**と表現した方がわかりやすいかもしれません。

その他の包括利益累計額は、「もし、その資産を売却したら儲かる金額」を意味します。

例えば、他社と業務提携をする際に、相手の会社の株式を購入するケースがあります。

業務提携で株式を購入するというのは、ニュースやドラマで見たことあるよ！

このような場合、その株式はすぐに売却はしません。比較的、長期間持ち続けることになります。

このように、会社が購入した株式のうち、**すぐには売却する予定がない株式を「投資有価証券」**といいます。その他有価証券評価差額は、**投資有価証券の含み益**を意味します。

実際に手元のお金が増えるわけじゃないけど、価値は増えているということを財務諸表でわかるようにしているんだね。

クイズ 50万円儲かったの？

・投資有価証券を100万円で取得した。

・当期末の時価は150万円であった。（なお、短期的に売却予定なし）

時価評価することで、純資産は50万円増加します。

この50万円を利益にカウントしていいのでしょうか？

　すぐには売却予定がないので、「50万円儲かった」ことにするのは違和感がありますよね。会計的にいえば、**「未実現利益」**なのです。

　未実現利益であるなら、利益剰余金を増加させるのはよくありません。そのため、**「その他の包括利益累計額」という項目に計上**するのです。

「儲かった」と言い張ることができない利益を、未実現利益といいます。
株式が値上がりしたとしても、売却予定がなければ、その値上がり額は未実現なのです。
少し難しいですが、この機会に覚えましょう。

● **利益にカウントした場合（誤った合計処理）**

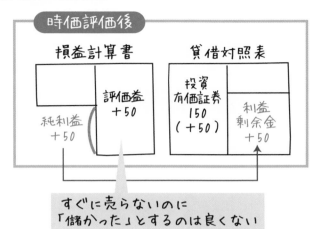

すぐに売らないのに
「儲かった」とするのは良くない

（単位；万円）

● **正しい処理**

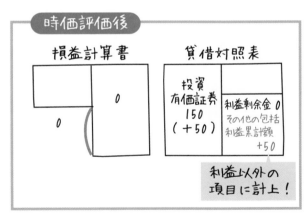

利益以外の
項目に計上！

（単位；万円）

02 実際の損益計算書を
見てみよう

1 実際の損益計算書

● 任天堂の損益計算書（2021 年 3 月期）

（単位：百万円）

	当連結会計年度（自2020年4月1日） （至2021年3月31日）
売上高	1,758,910
売上原価	788,437
★ 売上総利益	970,472
販売費及び一般管理費	329,838
★ 営業利益	640,634
営業外収益	
受取利息	5,723
持分法による投資利益	6,564
為替差益	24,039
その他	3,385
営業外収益合計	39,713
営業外費用	
支払利息	177
有価証券償還損	1,013
為替差損	–
その他	160
営業外費用合計	1,351
★ 経常利益	678,996
特別利益	
固定資産売却益	2,516
投資有価証券売却益	40
特別利益合計	2,556
特別損失	
固定資産処分損	247
投資有価証券売却損	–
特別損失合計	247
★ 税金等調整前当期純利益	681,305
法人税、住民税及び事業税	220,348
法人税等調整額	△19,463
法人税等合計	200,884
★ 当期純利益	480,420
非支配株主に帰属する当期純利益	44
親会社株主に帰属する当期純利益	480,376

2 ┃ 実際の損益計算書を見やすくしよう

　1時限目で習った損益計算書と違う点は、**縦書きになっている点**と売上総利益や営業利益といった**様々な利益が書かれている点**です。

　今まで、損益計算書は「左に費用、右に収益」と説明していました。

　しかし、**実際の損益計算書では、収益と費用を縦に表示します。**「収益－費用＝利益」という仕組み自体は変わりません。

　なお、費用の金額にマイナス記号をつけないことが多い、プラスマイナスに注意しましょう。

● **実際の損益計算書は縦に表示**

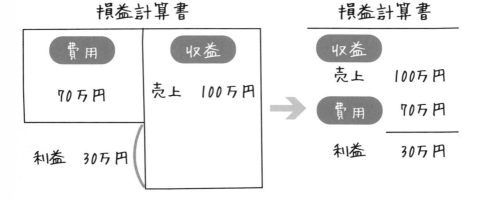

当期純利益以外の途中経過を示す利益

　1限目では、**「収益－費用＝当期純利益」**と説明しました。実際の損益計算書では、売上総利益、営業利益、経常利益、税金等調整前当期純利益と、様々な利益が書かれています（P158の★をつけた箇所）。これらは、**利益の途中経過**です。

　すなわち、**当期純利益がどのように生み出されたか?** という過程を表しています。

　利益の途中経過はとても大事な情報です。

　例えば、次のA社とB社の損益計算書を見てください。

● A 社と B 社の損益計算書の比較

	A 社	B 社
売上	10億円	10億円
売上原価	△4億円	△8億円
給料	△3億円	△6億円
固定資産売却益	―	7億円
当期純利益	3億円	3億円

※わかりやすいように費用にマイナスの記号△をつけています
が、通常はつきません

 儲け（当期純利益）は3億円でどちらも同じだから、両社とも同じ業績ってことだね？

　ちょっと待ってください、どちらも当期純利益は3億円ですが、その内訳は大きく異なります。

　A社の損益計算書に変わった点は見られません。A社は順調に利益を3億円あげています。

　対して、B社は売上10億円に対して、**売上原価と給料の合計は14億円**となっています。この部分だけ見ると**赤字**ですね。ただ、**固定資産売却益が7億円**あるので、当期純利益は3億円になっています。

　これは、本業で赤字になってしまった分を、固定資産を売却することで黒字に転換したということを意味します。

　B社の当期純利益は3億円となっていますが、実際には**本業がうまくいってない**ということです。固定資産の売却なんて毎期できるものでもありませんから、翌期は赤字になる可能性が高そうといえます。

固定資産売却益は、保有している土地や建物を売却した場合の利益です。
例えば、2億円で購入した土地を9億円で売却できた場合に、固定資産売却益7億円が計上されます。

　A社とB社は最終的な当期純利益は3億円と共通していますが、その実態は、本業が順調なA社とそうではないB社と、全然違うものだったのです。

 なるほど…。最終的な利益だけで判断すると、勘違いしてしまう可能性もあるのか…。

　上記の損益計算書では、その点がわかりづらくなっています。そこで、次のように**「営業利益」**という項目を追加して、利益の途中経過を示したらどうでしょうか？

● 営業利益を追加した A 社と B 社の損益計算書の比較

	A 社	B 社
売上	10億円	10億円
売上原価	△4億円	△8億円
給料	△3億円	△6億円
営業利益	3億円	△4億円
固定資産売却益	ー	7億円
当期純利益	3億円	3億円

　「B社の本業は順調じゃない」ということが、ぱっと見ただけでわかるようになりましたね。
　このように、損益計算書を分析するためには当期純利益だけではなく、その途中経過があった方が便利なのです。

 途中経過がないと、僕みたいに早とちりしちゃう人が他にもいるかも知れないね！

3　収益と費用を分けよう

　利益の途中経過を示すために、収益と費用を次のように細分化します。

● 収益と費用の細分化について

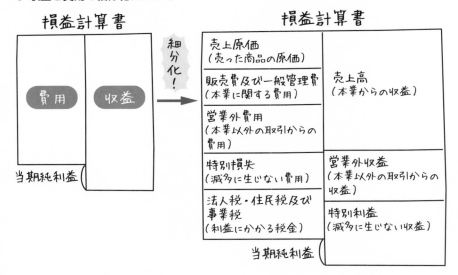

> 資産・負債は流動項目と固定項目に分類したけど、収益・費用も分類するんだね。でも、収益・費用の分類の方が細かそうだな…。

　このように、細かい項目を並べられると、理解がしづらそうに思えますよね。

　でも、大丈夫です。次のページで、利益の途中経過と計算式を図解で確認してもらうと良いでしょう。

細分化できたら、利益の途中経過は次のように計算します。

● **各利益と計算式について**

	名　称	計算式
スタート	売上高	売上高
途中経過①	売上総利益	売上高 － 売上原価
途中経過②	営業利益	売上総利益 － 販売費及び一般管理費
途中経過③	経常利益	営業利益 ＋ 営業外収益 － 営業外費用
途中経過④	税金等調整前当期純利益	経常利益 ＋ 特別利益 － 特別損失
ゴール	当期純利益	税金等調整前当期純利益　－ 法人税、住民税及び事業税

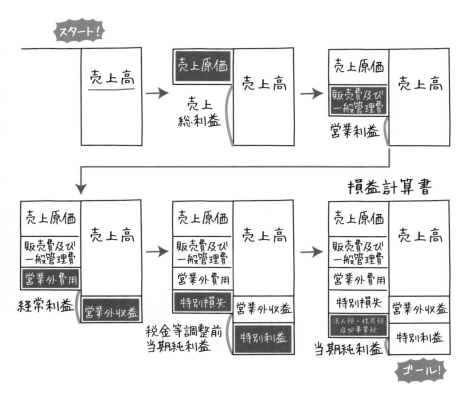

163

5つの利益を理解しよう！

売上総利益 —— 商品売買による利益

損益計算書では**一番最初に売上総利益を計算**します。売上総利益は商品売買に関する利益です。次のように計算されます。

● **売上高 − 売上原価 ＝ 売上総利益**

売上総利益を見ることで、**商品売買による利益**がわかります。**売上総利益は粗利**（あらり）ということもありますよ。

売上高	1,758,910
売上原価	788,437
売上総利益	970,472

営業利益 —— 会社の本業から得た利益

商品を販売するには様々な費用がかかります。

販売費（販売するために直接必要となるもの）：販売手数料、広告宣伝費、店舗の家賃、営業社員の人件費など

一般管理費（その他、間接的にかかるもの）：本社ビルの減価償却費や水道光熱費、経理部や人事部といった間接部門の人件費など

これらを総称して**「販売費及び一般管理費」**といいます。**販管費**（はんかんひ）ということも多いです。

売上総利益からを販売費を引いた利益が**営業利益**になります。

売上総利益	970,472
販売費及び一般管理費	329,838
営業利益	640,634

● **売上総利益 − 販売費及び一般管理費 ＝ 営業利益**

営業利益はその会社が営業活動（会社の本業）でいくら儲かったかを意味しています。

経常利益（けいじょうりえき）—— 営業利益に金利や為替の影響も加味した利益

営業活動による儲けを計算したら、続いて**営業外収益と営業外費用を加減し経常利益を計算**します。営業外収益・費用は、本業以外から生じた収益と費用で、主に金利や為替に関するものです。

営業外収益の代表例は**「受取利息」**です。余っているお金を銀行預金に入れたり、取引先に貸し付けたりしたら利息を受け取れます。同様に、営業外費用の代表例は**「支払利息」**です。

営業利益	640,634
営業外収益	
受取利息	5,723
持分法による投資利益	6,564
為替差益	24,039
その他	3,385
営業外収益合計	39,713
営業外費用	
支払利息	177
有価証券償還損	1,013
為替差損	–
その他	160
営業外費用合計	1,351
経常利益	678,996
特別利益	

支払利息は借金の利息を意味する費用です。お金を借りるといった資金調達は**財務活動**と呼ばれ、**本業である営業活動とは区別**します。

なお、経常利益のことを「けいつね」と呼ぶこともあります。

● **営業利益 ＋ 営業外収益 － 営業外費用 ＝ 経常利益**

税金等調整前当期純利益 —— 税金を引く前の利益

毎期生じるわけではない収益・費用があります。例えば、保有していた土地を売却したことで生じる**「固定資産売却益（または固定資産売却損）」**や、火災による損失を意味する**「火災損失」**です。このような滅多に生じない収益・費用は、**「特別利益」**、**「特別損失」**に区分します。

損益計算書を分析するうえでは、**期間比較**が重要です。

期間比較とは、数年分の損益計算書を並べ、金額の増減を見る手法です。

特別利益や特別損失が経常利益に含まれてしまうと期間比較がしづら

くなります。そのため、経常利益
を計算した後に加減するのです。

**経常利益に特別利益・損失を加
減した金額**を**税金等調整前当期純
利益**といいます。

経常利益	678,996
特別利益	
固定資産売却益	2,516
投資有価証券売却益	40
特別利益合計	2,556
特別損失	
固定資産処分損	247
投資有価証券売却損	–
特別損失合計	247
税金等調整前当期純利益	681,305

● **経常利益 ＋ 特別利益 － 特別損失 ＝ 税金等調整前当期純利益**

当期純利益 —— すべてを加味した当期の最終利益

　税金等調整前当期純利益の算定までで、一通りの収益と費用は計上で
きました。

　最後に1つ費用を引きます。それは**法人税等**です。法人税等は、法人
税、住民税及び事業税の総称で、**会社の利益にかかる税金**です。

　法人税等の税率は約30％です。1年で稼いだ金額の3割を支払わなけ
ればならないので、会社としては
負担が大きい費用といえます。

　この法人税等を引いたものが**当
期純利益**、すわなち当期の利益で
す。

税金等調整前当期純利益	681,305
法人税、住民税及び事業税	220,348
法人税等調整額	△19,463
法人税等合計	200,884
当期純利益	480,420

● **税金等調整前当期純利益 － 法人税等 ＝ 当期純利益**

会社のお金の動きがわかる キャッシュ・フロー計算書

キャッシュ・フロー計算書を見れば、貸借対照表や損益計算書ではわからない、資金の増減理由を知ることができます。

01 利益には質がある?

1

儲かっているのに現金が減ることも

　利益には、**質の高い利益**と**質の低い利益**があります。

　利益の質とは、**資金的裏付けがあるかないか**です。資金の裏付けがあれば質の高い利益、資金的裏付けがないなら質の低い利益となります。具体例で確認してみましょう。

例1 利益の質を考える

● A社が行った取引
・商品300万円を現金仕入れした。
・その商品を1,000万円で販売した。代金は現金で受け取った。
● B社が行った取引
・商品300万円を現金仕入れした。
・その商品を1,000万円で販売した。代金は掛けとした。
では、それぞれについて損益計算書を作成してみましょう。

＜A社の仕訳＞

(借) 仕入［費用+］　　300万	(貸) 現金［資産+］　　300万
(借) 現金［資産+］ 1,000万	(貸) 売上［収益+］ 1,000万

損益計算書

費用 300万円	収益
利益 700万円	1,000万円

＜B社の仕訳＞

(借) 仕入 ［費用+］ 300万	(貸) 現金 ［資産-］ 300万
(借) 売掛金 ［資産+］ 1,000万	(貸) 売上 ［収益+］ 1,000万

損益計算書

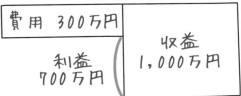

 どちらの損益計算書も全く同じで、利益は700万円だね。

　利益の金額は同じであっても、**両社の利益の質は全然違います**。

　上記の取引を、現金の増加額に注目してもう一度見てみましょう。

　両社とも商品の仕入代金300万円を現金で支払っていますが、販売代金1,000万円については異なっています。

　A社は現金で受け取りましたが、**B社は掛け販売しているので受け取っていません**。

　この結果、A社の現金は取引を通じて700万円増えた一方、B社は300万円減っています。

　もちろんB社の1,000万円はいつかに回収できるはずなので、最終的には現金は700万円増えますが、当期だけ見れば300万円減少です。

● A社・B社の純利益と現金の増減

	純利益	現金増減
A社	+700万円	+700万円
B社	+700万円	△300万円

儲けているのに、現金が減少する場合もあるのです！

2

P/LとB/Sでわからない部分を補うCF計算書

3時限目で学習したとおり、利益は発生主義会計のもとで計算されます。その結果、B社のように**利益の金額と現金増減額が大きくズレる**ことが往々にして起き得るのです。

もしB社の売掛金が不良債権（回収できるか不透明な債権）であった場合、その利益は資金的な裏付けがない利益と呼びます。資金的な裏付けがない利益は、儲かっているのに現金が増えないことを意味します。

そのため質が低い利益と評価されます。

しかし、A社とB社の損益計算書を見ても、資金的裏付けの有無は読み取れません。

つまり、**損益計算書だけでは利益の質の善し悪しはわからない**のです。これは発生主義会計の弱点ともいえます。

 でも、貸借対照表から現金の増加額がわかるんじゃない？

確かに、2年分の貸借対照表を用意すれば、現金がいくら増減したのかはわかります。でも、なんで増えたのかは読み取れません。商品が売れたから増えたのか、借金をして増えたのか、貸借対照表には書いていないからです。

つまり、**損益計算書と貸借対照表だけでは利益の質や現金の増減要因がわからない**のです。

そこで、**キャッシュ・フロー計算書（CF計算書）の出番**です。

キャッシュ・フロー計算書は、損益計算書（P/L）と貸借対照表（B/S）だけではわからない**資金の増減要因を示す**財務諸表です。

 貸借対照表と損益計算書では足りない情報を補うのが、キャッシュ・フロー計算書なんだね。

● キャッシュ・フロー計算書の必要性

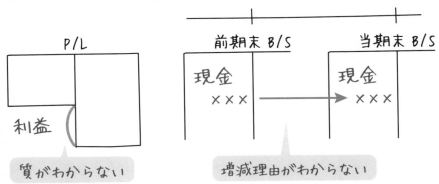

⬇

CF 計算書が必要!

貸借対照表、損益計算書そして
キャッシュ・フロー計算書、こ
れら3つを合わせて財務3表と
いいます。
どれも重要な財務諸表ですよ!

02 キャッシュ・フロー計算書とは？

1 キャッシュ・フロー計算書の概要

　キャッシュ・フロー計算書の **「キャッシュ・フロー」**（CF）を直訳すると **「資金の流れ」** ですが、ここでは **「資金の増減」** と捉えた方がわかりやすいでしょう。キャッシュ・フロー計算書は、**資金の増減理由を示す財務諸表** です。では早速、CF計算書の実物を見てみましょう。

● **任天堂株式会社　2021年3月期連結CF計算書**　（単位：百万円）

	2020年4月1日〜 2021年3月31日
営業活動によるキャッシュ・フロー	
税金等調整前当期純利益	681,305
減価償却費	10,798
貸倒引当金の増減額（△は減少）	△　552
受取利息及び受取配当金	△　6,770
為替差損益（△は益）	△　24,625
持分法による投資損益（△は益）	△　6,564
売上債権の増減額（△は増加）	△　527
たな卸資産の増減額（△は増加）	7,244
仕入債務の増減額（△は減少）	22,002
退職給付に係る負債の増減額（△は減少）	254
未払消費税等の増減額（△は減少）	△　4,613
その他	58,752
小計	736,703
利息及び配当金の受取額	8,702
利息の支払額	△　177
法人税等の支払額	△　133,122
営業活動によるキャッシュ・フロー	612,106
投資活動によるキャッシュ・フロー	
有価証券及び投資有価証券の取得による支出	△　952,783
有価証券及び投資有価証券の売却及び償還による収入	803,058
有形及び無形固定資産の取得による支出	△　7,011
有形及び無形固定資産の売却による収入	4,853
定期預金の預入による支出	△　468,817
定期預金の払戻による収入	480,712
その他	3,454
投資活動によるキャッシュ・フロー	△　136,533
財務活動によるキャッシュ・フロー	
配当金の支払額	△　194,021
その他	△　916
財務活動によるキャッシュ・フロー	△　194,938
現金及び現金同等物に係る換算差額	30,042
現金及び現金同等物の増減額（△は減少）	310,676
現金及び現金同等物の期首残高	621,402
現金及び現金同等物の期末残高	932,079

　項目が多いので難しく見えますが、大枠をつかむために見るべきポイントは以下の4つです。

＜CF計算書の見るべき4つの金額＞

	内　容	任天堂の場合
営業活動によるCF	本業からいくら資金を獲得したか	612,106百万円
投資活動によるCF	設備投資にいくら資金を使ったか	△ 136,533百万円
財務活動によるCF	資金調達や配当金の支払いはいくらか	△ 194,938百万円
現金及び現金同等物の増減額	上記の合計※（トータルの資金増減額）	310,676百万円

※端数処理と換算差額の影響で、3つの金額の合計とはズレが生じています。

　CF計算書の特徴は、**資金の増減理由を活動別に示す**ことです。ポイントだけに注目した簡略版のCF計算書にするとこんな感じです（次のページ参照）。

　「各活動のCF」と「その合計額」が上から順に並んでいることがわかるかと思います。

　ちなみに、△の記号は**マイナス**を意味します。今後も△の記号が出てくるので、おさえておきましょう。

キャッシュ・フローの項目と
内容を理解しましょう！

● 任天堂株式会社　2021年3月期連結CF計算書　(単位：百万円)

	2020年4月1日〜 2021年3月31日	ポイント
営業活動によるキャッシュ・フロー		
税金等調整前当期純利益	681,305	
減価償却費	10,798	
貸倒引当金の増減額（△は減少）	△ 552	
受取利息及び受取配当金	△ 6,770	
為替差損益（△は益）	△ 24,625	
持分法による投資損益（△は益）	△ 6,564	営業活動
売上債権の増減額（△は増加）	△ 527	からのCF
たな卸資産の増減額（△は増加）	7,244	612,106
仕入債務の増減額（△は減少）	22,002	
退職給付に係る負債の増減額（△は減少）	254	
未払消費税等の増減額（△は 減少）	△ 4,613	
その他	58,752	
小計	736,703	
利息及び配当金の受取額	8,702	
利息の支払額	△ 177	
法人税等の支払額	△ 133,122	
営業活動によるキャッシュ・フロー	612,106	
投資活動によるキャッシュ・フロー		
有価証券及び投資有価証券の取得による支出	△ 952,783	
有価証券及び投資有価証券の売却及び償還による収入	803,058	
有形及び無形固定資産の取得による支出	△ 7,011	投資活動
有形及び無形固定資産の売却による収入	4,853	からのCF
定期預金の預入による支出	△ 468,817	△ 136,533
定期預金の払戻による収入	480,712	
その他	3,454	
投資活動によるキャッシュ・フロー	△ 136,533	
財務活動によるキャッシュ・フロー		財務活動
配当金の支払額	△ 194,021	からのCF
その他	△ 916	△ 194,938
財務活動によるキャッシュ・フロー	△ 194,938	
現金及び現金同等物に係る換算差額	30,042	
現金及び現金同等物の増減額（△は減少）	310,676	310,676
現金及び現金同等物の期首残高	621,402	資金の増減額
現金及び現金同等物の期末残高	932,079	（上記の合計）

各活動のCFの額と、その合計額を
みれば大枠がつかめる！

　1年間の資金の増加額310,676百万円（約3,000億円）の内訳が、**活動別に表示**されているというわけです。

　具体的には、「本業で6,000億円の資金を獲得し、設備投資に1,300億円の資金を使い、配当金を1,900億円支払った」ということがわかります。

　4つの数字だけに注目すると、キャッシュ・フロー計算書はすごくシンプルな財務諸表ということがわかるかと思います。

　CF計算書は貸借対照表や損益計算書よりも難しいと思っている人がいるのですが、そんなことはありません。

　CF計算書の本質はおこづかい帳だからです。

　おこづかい帳は資金の増減を記録するものですが、会社にとってのお小遣い帳がCF計算書なのです。

　資金の増減を示すだけなので、発生主義会計のような小難しい話も出てきません。

2　営業活動・投資活動・財務活動のCF

　CF計算書の特徴は、**会社の活動を「営業」「投資」「財務」の３つに区分する**という点です。

営業活動による営業CF

　営業活動とは、**本業に関する活動**です。

　具体的には、商品の販売収入、仕入代金の支払い、人件費の支払い、広告宣伝費や水道光熱費など経費の支払いなどが該当します。

　一般的に「営業」というのは、「お客さんのところへ営業に行く」というように、「商品を売り込む」という意味で使われますが、CF計算書における営業活動というのは、「本業」を指します。

　よって、販売収入だけではなく、人件費や経費の支払いなども含まれるのです。この点は、損益計算書における営業利益の営業と同じです。

営業活動によるCF

● **営業CFが＋** ⇨ **本業で資金が増加**
● **営業CFが△** ⇨ **本業で資金が減少**

　営業CFはプラスであることが基本です。

もし営業CFがマイナスであれば、本業から資金が流出していることを意味します。

　また、営業CFが損益計算書の純利益よりを上回っていれば、利益の質は良いといえます。

> 利益の質なんて考えてもなかったけど、本業でしっかり資金を獲得するのは大切なことだね！

投資活動によるCF

　投資活動とは、**設備投資に関する活動**です。具体的には、固定資産の購入や売却に伴うCFが該当します。

　また、有価証券の取得や資金の貸し付けなど、余剰資金の活用によるCFも含まれます。

投資活動によるCF

● **投資CFが＋** ⇨ **設備を売却している**
● **投資CFが△** ⇨ **設備投資をしている**

　投資CFは一般的にマイナスがよいとされています。

　なぜなら、新製品の開発をしたり、事業を拡大するには新規投資が不可欠であるからです。

　投資CFがプラスになるのは、新規投資の額よりも設備の売却額の方が多い場合です。そのため、投資CFがプラスの場合、一般的には事業の縮小を意味します。

> マイナスだから、良くないという訳ではないんだね。
> 将来のために投資活動にお金を回すことが大切なんだね！

財務活動によるCF

　財務活動とは、**資金調達に関する活動**です。具体的には、資金の借り入れや返済、増資、配当金の支払いなどが該当します。

財務活動によるCF

● **財務CFが＋** ⇨ **資金調達を行った**
● **財務CFが△** ⇨ **資金の調達額よりも、借入金の返済額や株主への配当額の方が多い**

　財務活動によるCFは会社の状況により、プラスになったりマイナスになったりします。

　積極的な設備投資を行うような場合にはそのための資金を調達するのでプラスになり、余剰資金がある場合には借入金を返済したり、配当金を支払うことになるのでマイナスになります。

　任天堂の場合、資金を潤沢に有しているので、新たに借金する必要がありません。そのため、株主に配当金を支払っており、財務活動によるCFはマイナスとなっていました。

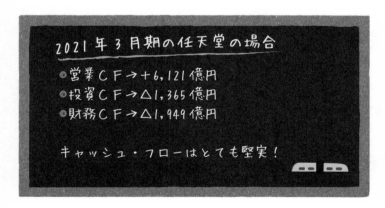

2021年3月期の任天堂の場合

● 営業CF → ＋6,121億円
● 投資CF → △1,365億円
● 財務CF → △1,949億円

キャッシュ・フローはとても堅実!

03 財務3表の関係

財務3表（貸借対照表、損益計算書、CF計算書）の関係はとても重要なので、ここでまとめておきます。

1 貸借対照表と損益計算書の関係（おさらい）

貸借対照表と損益計算書は、**損益計算書の純利益の分だけ貸借対照表の利益剰余金が増加する**という関係にあります。

● 損益計算書の純利益の分だけ貸借対照表の利益剰余金が増加する

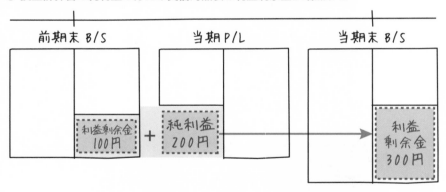

視点を変えてみると、貸借対照表の利益剰余金の増減理由が、損益計算書に書かれているともいえます。

貸借対照表とキャッシュ・フロー計算書の関係

貸借対照表とCF計算書は、**貸借対照表の現金の増減要因がCF計算書に書かれている**という関係にあります。

● 貸借対照表とキャッシュ・フロー計算書の関係

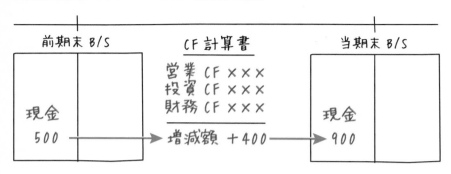

損益計算書とキャッシュ・フロー計算書の関係

損益計算書とCF計算書を見比べることで、**利益の質がわかります。**

CF計算書の**営業CF**には、**純利益とCFのズレの要因**が書かれているからです。

この点は次の項目の**「間接法」**で解説します。

● 利益の質の見方

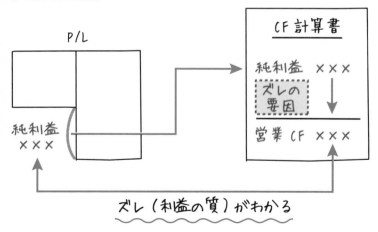

まとめ

財務3表の関係を1枚にまとめると次のようになります。

● **財務3表の関係性**

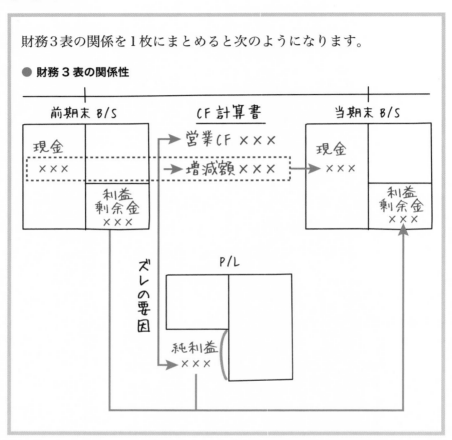

04 間接法を理解する！

172ページの**投資活動によるCF**と**財務活動によるCF**の項目を見てください。「有価証券及び投資有価証券の取得による支出」や「配当金の支払額」などと書いてありますね。

説明書きのような形で書いてあるので、**ぱっと見で資金の増減理由がわかる**ようになっています。

一方、**営業活動によるCF**はどうでしょうか？

一番上には税金等調整前当期純利益、その下には減価償却費や売上債権の増減額が書いてあります。

投資活動や財務活動と異なり、資金の増減理由がよくわかりません。

また、符号に着目すると、減価償却費はプラス、受取利息はマイナスとなっています。受取利息は利息の受取額を意味するはずなのに、符号はなぜか逆です。

さらに、真ん中あたりには小計という謎の欄があります。

このように、**営業活動によるCFの中身は、投資活動や財務活動と異なり複雑**になっています。

営業活動によるキャッシュ・フロー	
税金等調整前当期純利益	681,305
減価償却費	10,798
貸倒引当金の増減額（△は減少）	△ 552
受取利息及び受取配当金	△ 6,770
為替差損益（△は益）	△ 24,625
持分法による投資損益（△は益）	△ 6,564
売上債権の増減額（△は増加）	△ 527
たな卸資産の増減額（△は増加）	7,244
仕入債務の増減額（△は減少）	22,002
退職給付に係る負債の増減額（△は減少）	254
未払消費税等の増減額（△は減少）	△ 4,613
その他	58,752
小計	736,703
利息及び配当金の受取額	8,702
利息の支払額	△ 177
法人税等の支払額	△ 133,122
営業活動によるキャッシュ・フロー	612,106
投資活動によるキャッシュ・フロー	

1 純利益と営業CFのズレの要因を示す

　なぜ営業活動によるCFが複雑かというと、**損益計算書の純利益と営業CFのズレの要因を示すことを目的**としているからです。

　投資活動や財務活動の区分では、単に資金の増減した理由を示していました。

　ですが、営業活動の区分は違います。

　資金の増減理由ではなく、純利益と営業CF（資金の増減額）がズレている理由を示しているのです。

● ズレの理由を示す

● 純利益を営業 CF に変換

　別の言い方をすれば、**純利益の金額を営業CFに変換している**ともいえます。

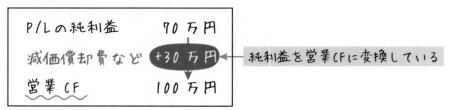

　「減価償却費＋30万円」って書いてあっても、「30万円の資金を受け取った」ことを意味するわけじゃないのか。

このように、投資活動や財務活動とは根本的に考え方が違うのです。

ちなみに、純利益と営業CFがズレている理由を示すCF計算書を**「間接法」のキャッシュ・フロー計算書**といいます。

現状、ほぼすべての会社が間接法によるCF計算書を作成しています。

> ここからの内容は少し複雑になります。内容が難しいと感じた場合は、読み飛ばしても構いませんよ。

2　純利益と営業CFがズレる要因

純利益と営業CFがズレる要因には3つあります。

❶ **減価償却費**
❷ **営業外費用と営業外収益**
❸ **営業関係の資産・負債**

これらの調整をすると、純利益の金額を営業CFに変換することができます。では、1つひとつ見ていきましょう。

要因1　減価償却費（非現金支出費用）

● 減価償却費

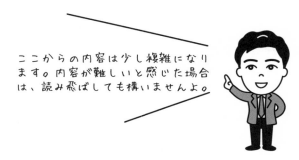

営業活動によるキャッシュ・フロー	
税金等調整前当期純利益	681,305
減価償却費	10,798
貸倒引当金の増減額（△は減少）	△　552
受取利息及び受取配当金	△　6,770
為替差損益（△は益）	△　24,625
持分法による投資損益（△は益）	△　6,564
売上債権の増減額（△は増加）	527

現金支出のない減価償却費の分ズレが生じる

183

純利益を営業CFに変換するために、最初に調整している金額が**減価償却費**です。

　なぜ、減価償却費が調整項目となるのでしょうか？

　それは、**減価償却費は非現金支出費用**だからです（113ページ参照）。

　減価償却費の計上時点で支出はありません。**減価償却費の分だけ純利益はマイナス**となる一方、**当期に現金支出は行われない**、というが減価償却費なのです。

　そのため、減価償却費の分だけ純利益の金額とCFの金額にはズレが生じます。

● **減価償却費による、利益と現金の増減のズレ**

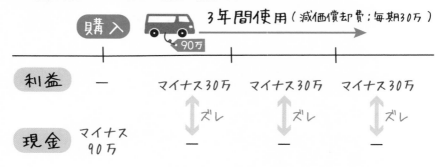

仮に

● **現金売上100万円**
● **減価償却費30万円**

という場合、純利益の金額と営業CFの金額はそれぞれ次のようになります。

> 純利益　：＋70万円（＝売上100万円−減価償却費30万円）
> 営業CF：＋100万円（＝売上100万円）

　純利益＋70万円と営業CF＋100万円は減価償却費30万円の分だけズレが生じていますね。

間接法のCF計算書では、純利益の金額から営業CFを算定します。
そのため、次のようになります。

純利益	70万
減価償却費	+30万
営業CF	100万

純利益に減価償却費を足すことで、営業CFの金額が算定できるのです。

減価償却費の影響

減価償却費の分だけ純利益はマイナスになるが、現金支出はない

∴ 純利益 ＋ 減価償却費 ＝ 営業CF

純利益が減価償却費の分だけマイナスになっているから、
そのマイナスをなかったことにしているんだね。

要因2 営業外収益と営業外費用

減価償却費を抜くことで、純利益の金額が営業CFに近づきました。
でも、まだズレの要因はあります。
それは、**本業（営業）とは関係のない収益・費用**です。
収益と費用には、**営業外収益・営業外費用**と**特別利益・特別損失**があります（これは4時限目で学習しましたね）。
純利益にはこれらの収益・費用が含まれています。よって、損益計算書（P/L）の純利益から営業CFを算定するにあたっては、それらの金額を抜く必要があるのです。

	2020年4月1日〜 2021年3月31日
営業活動によるキャッシュ・フロー	
税金等調整前当期純利益	681,305
減価償却費	10,798
貸倒引当金の増減額（△は減少）	△　552
受取利息及び受取配当金	△　6,770
為替差損益（△は益）	△　24,625
持分法による投資損益（△は益）	△　6,564
売上債権の増減額（△は増加）	△　527
たな卸資産の増減額（△は増加）	7,244
仕入債務の増減額（△は減少）	22,002
退職給付に係る負債の増減額（△は減少）	254
未払消費税等の増減額（△は 減少）	△　4,613
その他	58,752
小計	736,703
利息及び配当金の受取額	8,702
利息の支払額	△　177
法人税等の支払額	△　133,122
営業活動によるキャッシュ・フロー	612,106

純利益には営業とは関係のない収益・費用が含まれているので、これらを抜く！

純利益から営業とは関係のない収益・費用を抜く！

● **営業外収益と特別利益**

　　：純利益から減額すれば、抜ける（マイナス調整）

● **営業外費用と特別損失**

　　：純利益に加算すれば、抜ける（プラス調整）

この調整の典型例は、受取利息と支払利息です。

＜利息300円を現金で受け取った場合＞

（借）現金［資産＋］　　300	（貸）受取利息［収益＋］　　300
	（営業外収益）

純利益と営業CFへの影響

純利益　：＋300（収益に受取利息が計上されるため）

営業CF：ゼロ（利息の受取は営業活動ではないため）

よって、純利益から営業CFを算定する場合、次のようになります。

純利益	300
受取利息	△300
営業CF	0

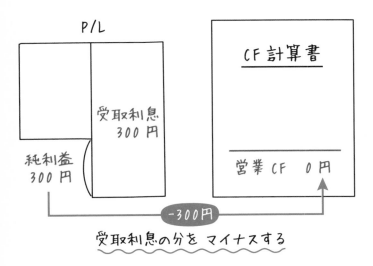

P/L

受取利息
300円

純利益
300円

CF計算書

営業CF　0円

-300円

受取利息の分を マイナスする

本業とは関係ない収益だから、マイナス調整だね！

＜利息100円を現金で支払った場合＞

（借）支払利息［費用+］	100	（貸）現金［資産-］	100
（営業外費用）			

純利益と営業CFへの影響

純利益 ：△100（費用に支払利息が計上されるため）

営業CF：ゼロ（利息の支払は営業活動ではないため）

よって、純利益から営業CFを算定する場合、次のようになります。

純利益	△100
支払利息	+100
営業CF	0

　このように、**受取利息はマイナス調整、支払利息はプラス調整**をします。イメージだけで考えると受取利息はプラス、支払利息はマイナスとしたくなりますが、実際の調整は逆になります。

　なぜなら、**純利益から受取利息と支払利息の金額を抜くための調整だから**です。

　この調整は、損益計算書を下からさかのぼって営業利益を算定しているイメージで考えればわかりやすいと思います。

P/L

営業利益	1,000
受取利息	300
支払利息	100
純利益	1,200

$1,200 + 100 - 300 = 1,000$

 イメージに引っ張られないで、本業に関係のない収益や費用を抜くための調整だと考えないといけないね！

要因3 本業に関係する資産と負債

　要因1と要因2を調整することで、減価償却費と本業以外の収益・費用を抜くことができています。**だいぶ純利益が営業CFに近づいてきました。**

　ですが、最後にもう1つやるべき調整があります。それは、**資産と負債の増減の調整**です。

営業活動によるキャッシュ・フロー	
税金等調整前当期純利益	681,305
減価償却費	10,798
貸倒引当金の増減額（△は減少）	△　552
受取利息及び受取配当金	△　6,770
為替差損益（△は益）	△　24,625
持分法による投資損益（△は益）	△　6,564
売上債権の増減額（△は増加）	△　527
たな卸資産の増減額（△は増加）	7,244
仕入債務の増減額（△は減少）	22,002
退職給付に係る負債の増減額（△は減少）	254
未払消費税等の増減額（△は 減少）	△　4,613
その他	58,752
小計	736,703
利息及び配当金の受取額	8,702

営業に関係する資産・負債の増減を調整する

　ここでの資産と負債は、営業（本業）に関係する資産と負債のことを指しています。

　具体的には、**売掛金（商品の販売代金をもらう権利）**と**買掛金（商品の購入代金を支払う義務）**をイメージしましょう。

- **資産（売掛金）が増加：マイナス調整**
- **資産（売掛金）が減少：プラス調整**
- **負債（買掛金）が増加：プラス調整**
- **負債（買掛金）が減少：マイナス調整**

　例えば、前期末の売掛金が100万円で、当期末が300万円の場合、**売掛金は200万円増加**したことになります。

　この200万円の増加は、**CF計算書ではマイナス調整**とします。

　売掛金が増えたらその分資金が増えそうですが、調整は逆になります。

　まず、理解の前提として**売掛金がない場合**から確認します。

例1 売掛金がない場合
商品を100円で販売し、現金100円を受け取った。

この取引を仕訳にして、貸借対照表にすると次のようになります。

| (借)現金[資産+] | 100 | (貸)売上[収益+] | 100 |

● 売掛金がない場合

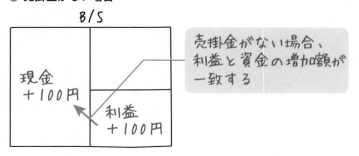

間接法による**CF計算書**は、**純利益の金額から営業CF（資金の増減額）を求めます**。そこで純利益と営業CFに注目してみると、今回のケースでは、**調整不要**ということがわかります。

では、続いて**売掛金がある場合**を見てみましょう。

この場合、売掛金の分だけ純利益と営業CFにズレが生じます。

例2 売掛金がある場合

商品を100円で販売し、代金のうち10円は掛けとし、残額90円は現金を受け取った。

売上100円のうち10円を掛けにしてみました。

| (借)現金　　[資産+] | 90 | (貸)売上[収益+] | 100 |
| 売掛金[資産+] | 10 | | |

売上は変わらず100円なので、純利益への影響も100円です。

ここで**注目すべきは資金の増加額**です。

1つ前の具体例では＋100円でしたが、今回は＋90円となっていま

す。

　減ってしまった10円は売掛金の分です。**売掛金が増えたら資金の増加額は減ってしまう**のです。

　これを貸借対照表で表現すると次のようになります。

● 売掛金が増えた場合

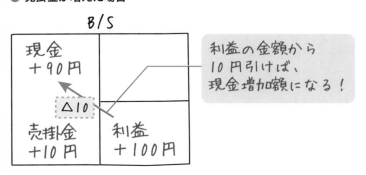

　売掛金は「販売したのに、まだ代金をもらえてない金額」のことなので、売掛金の分だけ**マイナス調整が必要**になるのです。

　これが、売掛金が増えたら純利益に対してマイナス調整をする理由です。

　続いて、売掛金が減少した場合を見てみましょう。

例3 売掛金を回収した場合

翌期に、上記の売掛金10円を現金で回収した。

（借）現金［資産＋］　　　10　　　（貸）売掛金［資産-］　　　10

　純利益と営業CFに注目すると、**純利益は生じていない一方、営業CFは増加**しています。よって、**売掛金が減少した場合、純利益に対してプラスの調整**をします。

●売掛金が減った場合

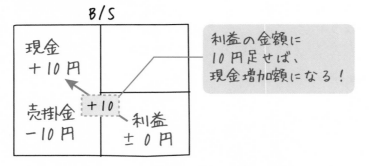

B/S

現金
＋10円

売掛金
－10円

＋10

利益
±0円

利益の金額に
10円足せば、
現金増加額になる！

<売掛金(資産)のまとめ>
● 売掛金の増加：利益が生じたのに現金をもらえてない ⇨ マイナス調整
● 売掛金の減少：利益が生じてないのに現金をもらえた ⇨ プラス調整

　負債の方も確認してみます。

例4 **買掛金がある場合**

当期：商品を100円で仕入れ、代金のうち10円は掛けとし、残額90円は
　　　現金で支払った。

翌期：上記の買掛金10円を現金で支払った。

<当期の仕訳>

| (借)仕入[費用+] | 100 | (貸)現金 [資産－] | 90 |
| | | 買掛金[負債+] | 10 |

　貸借対照表は次のようになります。

　純利益△100から営業CF△90を算定するにあたって、**買掛金の分だ**
けプラス調整しているのがわかりますね。

● 買掛金が増えた場合

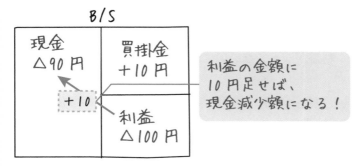

　買掛金の増加額をプラス調整するのは、**買掛金は「商品を購入したの
に、まだ支払ってない金額」**のことだからです。

　買掛金の分だけ当期の支払額は少なくなっているので、CF的にはプラ
スの調整となるわけです。

　対して、**翌期に買掛金を支払った**ら次のようになります。

（借）買掛金［負債－］	10	（貸）現金［資産－］	10

● 買掛金が減少した場合

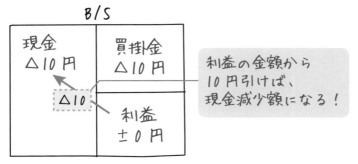

　純利益と営業CF に注目すると、**純利益は変化していない一方、営業
CFは減少**しています。買掛金の減少は、現金を支払ったことを意味す
るのでマイナス調整をするのです。

193

買掛金(負債)のまとめ

- **買掛金の増加：利益が減ったのに現金を払ってない→プラス調整**
- **買掛金の減少：利益が減ってないのに現金を払った→マイナス調整**

ここまで売掛金と買掛金を例に説明をしましたが、上記の関係はどの資産・負債にも当てはまります。

資産・負債の増減とキャッシュ・フローの調整

- **資産の増加：CFのマイナス調整**
- **資産の減少：CFのプラス調整**
- **負債の増加：CFのプラス調整**
- **負債の減少：CFのマイナス調整**

「利益が生じていても、不良債権が多いなら利益の質は低い」という話を本章の冒頭で説明しました。

間接法のＣＦ計算書を見たときに、もし「売掛金の増加額」が極端に多い場合には、不良債権を多く抱えている可能性があります。

このように、ＣＦ計算書を見ることで、利益の質が判断できるようになっているのです。

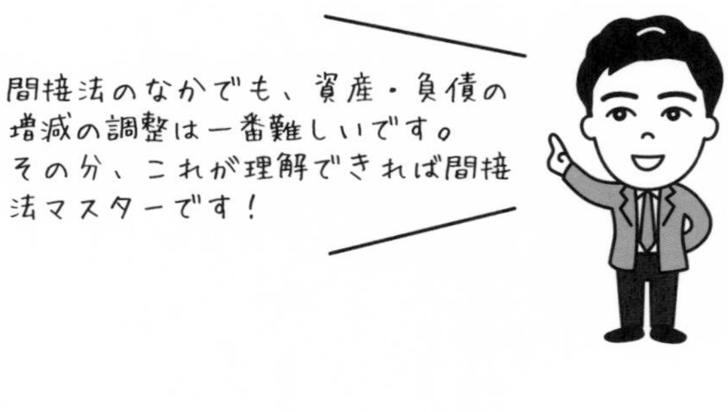
間接法のなかでも、資産・負債の
増減の調整は一番難しいです。
その分、これが理解できれば間接
法マスターです！

では、ここまでの内容を実際のキャッシュ・フロー計算書でまとめて
みます。

	202 年 4 月 1 日〜 2021 年 3 月 31 日	
営業活動によるキャッシュ・フロー		
税金等調整前当期純利益	681,305	利益がスタート
減価償却費	10,798	❶減価償却費を抜く
貸倒引当金の増減額（△は減少）	△ 552	
受取利息及び受取配当金	△ 6,770	❷本業とは関係のな
為替差損益（△は益）	△ 24,625	い収益・費用を抜く
持分法による投資損益（△は益）	△ 6,564	
売上債権の増減額（△は増加）	△ 527	❸本業に関係する資
たな卸資産の増減額（△は増加）	7,244	産・負債の増減を調
仕入債務の増減額（△は減少）	22,002	整する
退職給付に係る負債の増減額（△は減少）	254	
未払消費税等の増減額（△は減少）	△ 4,613	
その他	58,752	
小計	736,703	営業 CF（ゴール）
利息及び配当金の受取額	8,702	
利息の支払額	△ 177	
法人税等の支払額	△ 133,122	
営業活動によるキャッシュ・フロー	612,106	

こうやって見ると、利益と営業 CF がどうしてズレたのかが
よくわかるね！

間接法のまとめ

① 減価償却費を抜く
② 営業外費用と営業外収益を抜く
③ 営業関係の資産・負債を調整する

05 小計と営業活動によるCF

1 営業活動によるCFには小計欄がある

　もう一つ営業活動によるキャッシュ・フローの区分には特徴があります。

　それは**小計**です。投資活動と財務活動には小計がありませんが、**営業活動には小計欄があります**。

営業活動によるキャッシュ・フロー	
税金等調整前当期純利益	681,395
未払消費税等の増減額（△は減少）	△ 4,615
その他	58,752
小計	736,703
利息及び配当金の受取額	8,702
利息の支払額	△ 177
法人税等の支払額	△ 133,122
営業活動によるキャッシュ・フロー	612,106

2 営業活動には営業活動以外も載る

　CF計算書は、資金の増減を営業、投資、財務の３つの活動別に分けるという点が特徴です。しかし、資金の増減にはこれらの**いずれの活動にも該当しないものがあります**。

　典型例は**法人税、住民税及び事業税（以下、法人税等）の支払額**です。法人税等というのは、利益にかかる税金のことです。

　法人税等は会社の１年間の成果に対してかかるものなので、営業、投資、財務と言った特定の活動に紐づくCFではありません。

　このようなCFはCF計算書のどこに計上されるのでしょうか？　それは、**営業活動によるCFの区分**です。

　営業活動によるCFの区分には、

- **本業から生じたCF**
- **その他の活動から生じたCF**

の２つを計上することとなっているのです。

ちなみに、その他の活動から生じたＣＦの主なものとして、下記の項目があります。

- 利息や配当金の受取額
- 利息の支払額
- 保険金の受取額
- 法人税等の支払額

3 小計で区切る！

そこで、営業活動の区分は小計で区切ることとしています。

小計では純粋な営業ＣＦを示し、小計より下にはその他のＣＦを示すのです。

- 小計：純粋な営業ＣＦ（その他のＣＦは含まれていない）
- 営業活動によるＣＦ：純粋な営業ＣＦ＋その他のＣＦ

● 小計の意味

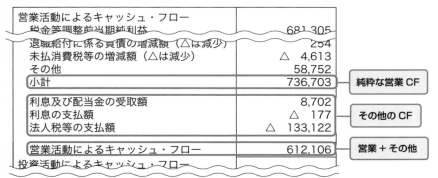

営業活動によるキャッシュ・フロー	
税金等調整前当期純利益	681,305
退職給付に係る負債の増減額（△は減少）	254
未払消費税等の増減額（△は減少）	△ 4,613
その他	58,752
小計	736,703 |→純粋な営業ＣＦ
利息及び配当金の受取額	8,702
利息の支払額	△ 177 |→その他のＣＦ
法人税等の支払額	△ 133,122
営業活動によるキャッシュ・フロー	612,106 |→営業＋その他
投資活動によるキャッシュ・フロー	

この小計を区切りにして、金額の見方も変わります。

小計の上は間接法の調整なので、純利益と営業CFのズレの調整額が書かれています。

対して、**小計より下ではズレの調整ではなく取引ごとのCF**を示しています。

小計の上の調整では受取利息の符号はマイナスでしたが、小計の下では利息の受取額を示すのでプラスになります。

● 小計の上と下の違い

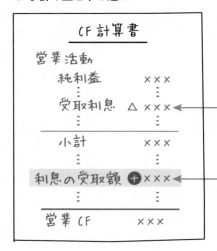

CF計算書

営業活動
　純利益　　　　×××
　　⋮
　受取利息　△×××　←── 純利益から抜くので、マイナス
　　⋮
　　　　　　　　　　　※小計の上の受取利息は、受取利息により純利益
─────────────　　　と営業CFがどれくらいズレているかを示している
　小計　　　　　×××
　　⋮
利息の受取額　➕×××　←── CFの額を示すので、プラス
　　⋮
　　　　　　　　　　　※小計の下の利息の受取額は、利息を受け取った
─────────────　　　ことによる資金の増加額を示している
営業CF　　　　×××

小計は純粋な営業CFです。
営業活動によるCFには
その他の活動のCFも含まれます。
勘違いしてしまいやすいので気をつけましょう！

6時限目

企業グループの連結財務諸表はここが違う！

子会社やグループ会社という言葉はよく聞くと思います！
そういった大企業の財務諸表がどうなっているかを学びましょう。

01 企業集団と連結財務諸表

1 企業集団ってなんだろう？

　日本を代表する企業の1つにソニーがあります。「ソニーは何の会社？」と聞かれたら何を思い浮かべますか？

 ソニーといったら、ゲームの会社だと思う。あれ、でもテレビも作っているし…。

　「ソニーは何の会社？」という問いは難しいですよね。ざっくり思い浮かべてみても、ゲーム、音楽、映画、テレビ・オーディオ、カメラ、携帯電話、半導体センサー、銀行などがありますね。

　ソニーの事業は多岐にわたりますが、実はこれらの事業は「ソニー」という会社が行っているわけではありません。**それぞれ別会社で行っています。**

　例えば、

● **ゲームは、ソニー・コンピュータエンタテインメント（SCE）**

● **音楽は、ソニー・ミュージックエンタテインメント（SME）**

● **テレビやオーディオは、ソニーホームエンタテイメント＆サウンドプロダクツ**

● **映画は、ソニー・ピクチャーズ・エンタテインメント（SPE）**

● **銀行だったらソニー銀行**

　といった感じです。

　これらの会社はどれもソニーグループの一員です。

　ソニーはグループ経営をすることで、多くの事業を行っているので

す。このような複数の会社がひとまとまりになったグループのことを、**企業集団**といいます。

ソニーはグループ企業数が1,000社を超え、かなり大規模な企業集団となっています。

ソニーほどでないにしても、**有名企業のほとんどが企業集団を形成してグループ経営を行っています。**

> ソニーグループ
>
> SCE　　SME　　SPE
>
> ゲーム　音楽　映画

2　連結財務諸表を知ろう

財務諸表には**個別財務諸表**と**連結財務諸表**の２種類があります。

個別財務諸表は、１つの会社を対象にした財務諸表です。

５限目までは、個別財務諸表を前提に説明してきました。個別財務諸表を見ればその会社単体での業績はわかりますが、グループ全体としての状況はわかりません。

対して、**連結財務諸表**というのは、**企業集団を１つの会社とみなした財務諸表**です。

連結財務諸表を見ることで、グループ全体としての業績がわかるようになっています。

> ソニーグループの連結財務諸表を見れば、ソニー全体の利益がわかるんだね。

グループ経営が一般的な現代において、投資家はグループ全体としての業績に興味があります。

そのため、個別財務諸表よりも**連結財務諸表の方が重要視**されています。ちなみに、４時限目で示した任天堂の財務諸表も連結財務諸表です。

ここでは連結会計の考え方と連結財務諸表の作り方の概要を説明します。

02 親会社と子会社の関係を知ろう

1 ソニーはどのように映画事業に参入したのか

　ソニーの元々の本業はエレクトロニクス事業ですが、それだけでなく映画の事業も行っています。007シリーズやスパイダーマンシリーズなど大ヒット作を世に送り出しています。

　映画会社ではなかったソニーが、**どのようにして映画事業に参入した**のでしょうか。

　キーワードは「支配」です。

　1989年にソニーは映画会社のコロンビア・ピクチャーズを支配下におきました。自社の企業集団に引き込むことで、コロンビア・ピクチャーズが持っているコンテンツや人材、ノウハウを短期間に取得し、映画事業への参入を果たしました。

　ソニーの映画事業に限らず、新しい分野への参入を行う場合に、一番手っ取り早いのは**「すでにその分野で成功している会社を自分のものにしてしまう（＝支配する）」**ことなのです。

 他の会社を支配するためには、何をすればいいの？

2 株式を過半数取得すれば支配できる

　その会社の**株式の過半数（50％超）を取得**すれば、支配下に置くことができます。なぜなら、株式には**議決権**があるからです。

　株式会社の重要事項は**株主総会**という会議で決定するのですが、その決定方法は株主たちによる多数決となっています。この多数決は**資本多数決**と呼ばれ、株式数に応じた投票権が付与されます。

そのため、**過半数の株式を持っていれば多数決で必ず勝てる**のです。

　例えば、株主総会で決定することの１つに、「その会社の経営者を誰にするか？」があります。株式を過半数持っていれば、自社の役員をその会社の経営者に据えることもできてしまうのです。

だから、「株式を過半数取得＝支配」となるのか。

　なお、支配するには株式の過半数でよいので、逆に言えば、すべてを取得する必要はありません。

● **株式の 50%超を持てば会社を支配できる**

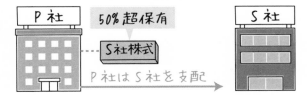

　このとき、**支配している会社を親会社**、**支配されている会社を子会社**といいます。

　そして、これら親会社と子会社を１つの単位と捉えたものが企業集団です。企業集団を構成する個々の会社はそれぞれ別の会社ですが、親会社の方針のもとに事業を行っていきます。

● **親会社と子会社の関係**

　ちなみに、新聞やニュースでは、**子会社化することを「買収」と表現する**ことが多いです。

「ゾゾタウンを運営するZOZOを、ヤフーが買収した」って いうニュースが印象に残ってるよ！

　2019年のニュースですね。この買収は、ヤフーがZOZOの株式の 50.1％を買うというものでした。ギリギリではありますが、過半数の株 式を取得したので、ZOZOを傘下に収めることができたのです。ZOZO の買収に限らず、大企業による企業買収はよくニュースになります。そ れだけ社会に与える影響が大きいということです。

> ## ポイント
>
> ◎ 新規事業や海外展開を行う際の近道は、 すでに成功している会社を支配すること
> ◎ 株式を過半数取得すると、支配すること ができる
> ◎ 支配している会社を親会社、支配されて いる会社を子会社という
> ◎ 企業集団の財務諸表を連結財務諸表とい い、有名企業のほとんどが連結財務諸表 を作成している

連結財務諸表を見れば、 企業集団の業績を知る ことができるのです。

 参考　**親会社・子会社の表現**

　英語では親会社を **Parent company** といい、子会社は **Subsidiary** といいます。
　連結会計の説明上、これらの頭文字をとって、**親会社＝P社**、**子会社＝S社** と表現す ることが一般的です。本書でも、P社・S社を用いていきます。

03 連結財務諸表のイメージ

1 個別財務諸表を足し合わせたものが連結財務諸表

　連結財務諸表を作成する場合でも、親会社と子会社はそれぞれ個別財務諸表を作成します。よって、**連結財務諸表は個別財務諸表を足し合わせて作成**します。

● 連結財務諸表のイメージ

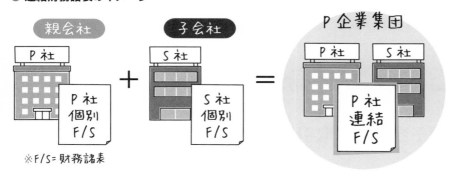

※F/S＝財務諸表

　例えば、個別財務諸表で、親会社の売上高100万円、子会社の売上高が50万円という場合、連結財務諸表の売上高（企業集団の売上高）は150万円になります。

　また、貸借対照表の項目も同様です。親会社の資産と子会社の資産を合計した金額が連結上の資産の金額になります。

　このように、**連結財務諸表は親会社と子会社の金額を足し合わせることを基本**としています。

　"親"と"子"だけに、「親がつけている家計簿と、子どものおこづかい帳を足し合わせれば家族全体の記録になる」というイメージです。

2　連結財務諸表の2つのポイント！

　「個別財務諸表を足し合わせたものが、連結財務諸表」これが連結会計の基本です。

　しかし、単純に個別財務諸表を足し合わせたものが連結財務諸表になるわけではありません。

　連結財務諸表を読むうえで知っておくべきポイントが2つあります。

---

❶内部取引の消去
❷非支配株主に帰属する利益

　この2点について、解説します。

3　ポイント1　内部取引の消去

親子会社間の取引はなかったことになる

　親会社と子会社の売上高を足し合わせたものが、必ず企業集団の売上高になるか？　というと、そうではありません。

　なぜなら、「親会社が子会社に商品を販売した」といった、**企業集団内の取引は連結上なかったものとみなされる**からです。

　例えば、トヨタでは自動車の製造をトヨタ自動車が行い、その販売はトヨタ販売会社が行っています。

　この場合、連結では、トヨタ自動車の販売会社向けの売上はなかったことになります。

　仮に、トヨタ自動車が100万円で販売会社に車を売却し、販売会社がそれを顧客に200万円で売却したとします。個別上の売上高は、それぞれ100万円と200万円になるので、足し合わせれば300万円です。

● 親子会社の取引がある場合の個別損益計算書

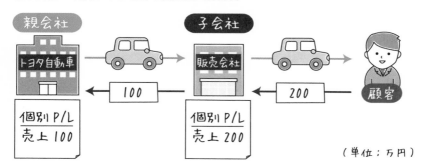

しかし、**連結財務諸表では企業集団内の取引はなかったものとみなされます。** よって、連結上の売上高は200万円のみとなります。

● 連結財務諸表では親子取引はカウントされない

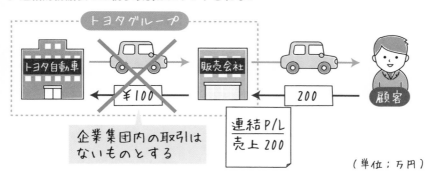

また、損益計算書の項目だけでなく、貸借対照表の項目（例えば、子会社に対する売掛金）も連結貸借対照表には計上されません。

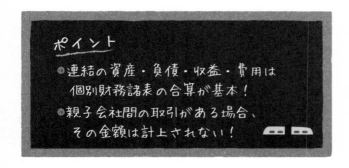

ポイント
・連結の資産・負債・収益・費用は
　個別財務諸表の合算が基本！
・親子会社間の取引がある場合、
　その金額は計上されない！

連結財務諸表はごまかせない

「内部取引は、連結財務諸表に計上されない」 という点はとても重要です。なぜなら、このおかげで**子会社を通じた業績操作ができなくなっている**からです。

もし、連結財務諸表に内部取引が計上されてしまうと、親会社が子会社に在庫の押し売りをすることで、**売上高を簡単に増やすことができます。**

子会社は親会社の支配下にあるので、親会社が押し売りをやろうと思えばいくらでもできてしまうのです。

 親会社の余っている在庫を子会社に無理矢理1億円で販売すれば、その瞬間に売上が1億円増えちゃうんだね。

これでは、連結財務諸表を見ても企業集団の本当の業績はわからなくなってしまいます。そこで、そのようなことができないように、連結では内部取引を消去するのです。

グループ会社を通じた業績操作はできない仕組みとなっているので、投資家は安心して連結財務諸表を利用することができるのです。

---

4 ポイント2 非支配株主に帰属する利益

4時限目の任天堂の連結損益計算書をもう一度見てみましょう。

	当連結会計年度 (自2020年4月1日 至2021年3月31日)
売上高	1,758,910
売上原価	788,437
売上総利益	970,472
販売費及び一般管理費	329,838
〜〜〜	〜〜〜
法人税、住民税及び事業税	220,348
法人税等調整額	△ 19,463
法人税等合計	200,884
当期純利益	480,420 ◀ 注目！
非支配株主に帰属する当期純利益	44
親会社株主に帰属する当期純利益	480,376

　損益計算書の末尾が、「当期純利益」にはなっていません。**「非支配株主に帰属する当期純利益」**と**「親会社株主に帰属する当期純利益」**となっています。

　この点は、連結会計における特徴的な部分ですので、丁寧に説明します。

持分比率

　まずは前提となる持分比率から説明します。

　株式の保有割合を持分比率といい、次のように計算します。

> **持分比率 ＝ Ｐ社が保有するＳ社株式数 ÷ Ｓ社の発行済株式数**

　Ｓ社が株式を100株発行していて、そのうちＰ社が60株を保有している場合の持分比率は60％となります。持分比率自体は、特に難しくありませんね。

非支配株主

　ここで大事なのは「Ｐ社の持分比率が60％なら、**残りの40％はＰ社以外の株主**」という視点です。

　Ｐ社が60株持っているなら、40株は他の株主が持っていますよね。

　Ｓ社からすれば、Ｓ社の株主には「Ｐ社」と「Ｐ社以外の株主」がいる、ということになります。

　この**Ｐ社以外の株主を「非支配株主」**といいます。Ｐ社はＳ社を支配しているので、Ｐ社以外の株主は、Ｓ社を支配していない株主、つまり非支配株主なのです。

　Ｐ社の持分比率が100％でない限り、必ず非支配株主がいます。ちなみに、非支配株主は特定の誰か1人ではなく、Ｐ社以外の株主全員を指しています。

● 非支配株主

次は、企業集団の株主に注目してみましょう。

企業集団には、**親会社株主**（P社株式を持っている株主）と**非支配株主**（S社株式を持っている株主）の2種類の株主が存在します。

● 親会社株主と非支配株主

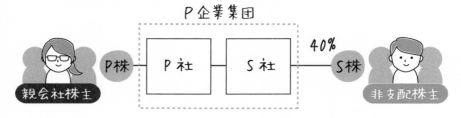

利益と純資産は株主に帰属する

話は少しそれますが、財務諸表は株主のために作成するものです。

実際、**損益計算書の利益や貸借対照表の純資産は株主への帰属額**を表しています。

● 利益や純資産は株主に帰属する

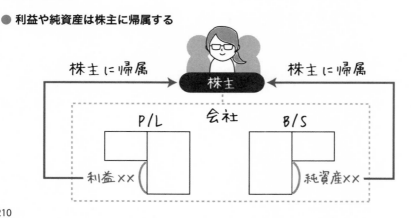

この点、連結財務諸表でも同様です。しかし、企業集団には株主が2種類いるため、連結財務諸表では、企業集団の**利益と純資産がどちらの株主に帰属しているか**を示す必要があるのです。

● 利益と純資産がどちらの株主に帰属しているか

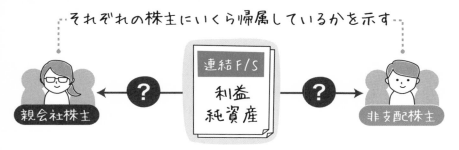

ここまでが前提知識です。では、具体例を用いて「非支配株主に帰属する当期純利益」を理解してしまいましょう。

連結の利益（非支配株主に帰属する当期純利益）

具体例 利益の帰属先
- S社に対するP社の持分比率は60％
- P社の当期純利益は400円
- S社の当期純利益は100円

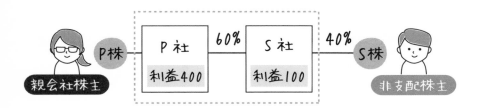

結論から示すと、この場合の連結損益計算書は次のようになります。

当期純利益	500
非支配株主に帰属する当期純利益	40
親会社株主に帰属する当期純利益	460

　企業集団全体としての利益は500円（P社400＋S社100）ですが、これは**「当期純利益」**として表示します。

　そのうえで、この500円の帰属先を考えてみましょう。

　利益の帰属先は、**「その利益を全額配当した場合、誰がいくらもらえるか」**を考えるとわかりやすいです。

　結論をいうと、企業集団の利益500円の帰属先は次のようになります。

- **親会社株主に帰属：460円（＝ 400 ＋ 100 × 60%）**
- **非支配株主に帰属：　40円（＝ 100 × 40%）**

　説明よりも、図解の方がわかりやすいので下記の図を見てください。

● 利益を全額配当した場合

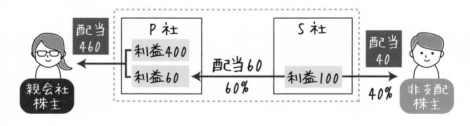

　S社が利益100円を全額配当した場合、100円のうち**60円（＝100 × 60%）はP社**のものになり、**40円（＝100 × 40%）は非支配株主**のものになることがわかります。

　つまり、S社利益100円のうち40円は非支配株主に帰属しているのです。

　さらに、P社を考えてみましょう。

　S社からの配当60円を受け取ったとした場合のP社利益は460円（＝400＋60）です。この460円を配当した場合、その460円がP社株

主のものになります。

　以上をまとめると、今回のケースでは、企業集団の利益500円のうち、**460円はP社株主（親会社株主）に帰属し、40円は非支配株主に帰属**するということです。

　連結損益計算書ではこの帰属先を明確にしているのです。

- **● P社株主に帰属する460円** ⇨ **親会社株主に帰属する当期純利益**
- **● 非支配株主に帰属する40円** ⇨ **非支配株主に帰属する当期純利益**

　「企業集団の株主＝親会社株主」という考え方が一般的なので、**企業集団の業績という場合**には**「親会社株主に帰属する当期純利益」**のことを指すことが多いです。

　そのため、**子会社への持分比率**が何％なのかによって、企業集団の業績へのインパクトが変わってくるのです。

> 利益を大きくあげている子会社を持っていても、持分比率が少なければ企業集団の業績への影響は少なくなっちゃうんだね。

連結の純資産（非支配株主持分）

　親会社株主に帰属する額と非支配株主に帰属する額を分けるという点は、**貸借対照表の純資産も同様**です。

　企業集団の純資産のうち、非支配株主に帰属する額は**「非支配株主持分」**と表示します。

● **任天堂 2021 年 3 月期 連結貸借対照表**

純資産の部	
株主資本	
資本金	10,065
資本剰余金	15,043
利益剰余金	1,993,325
自己株式	△　156,851
株主資本合計	1,861,582
その他の包括利益累計額	
その他有価証券評価差額金	33,571
為替換算調整勘定	△　20,782
その他の包括利益累計額合計	12,788
非支配株主持分	243
純資産合計	1,874,614

親会社
株主

非支配
株主

　また、連結損益計算書と連結貸借対照表のつながりを示すと次のように
なります。

● **連結損益計算書と連結貸借対照表のつながり**

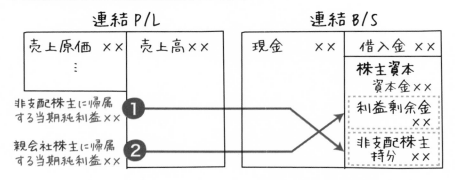

連結P/L と連結B/S のつながり

❶非支配株主に帰属する当期純利益⇒非支配株主持分の増加
❷親会社株主に帰属する当期純利益⇒利益剰余金の増加

　親会社株主に帰属する当期純利益の金額の分だけ **「利益剰余金」** が増
加し、非支配株主に帰属する当期純利益の金額の分だけ **「非支配株主持
分」** が増加します。

04 連結財務諸表の作成方法 （基本編）

　連結会計と連結財務諸表がどのようなものかイメージできたと思います。最後に、**連結財務諸表の作り方**を簡単に解説します。

　日商簿記2級では連結財務諸表の作成も問われるので、受験予定の方はぜひ確認してください。

1 連結財務諸表作成の3ステップ

　連結財務諸表の作成方法をざっくりまとめると、以下の3ステップになります。

❶ 普段どおり、それぞれの会社が個別財務諸表を作成する

❷ 親会社がそれを集めて、合算する

❸ 修正すべき事項について、連結修正仕訳を行い、連結財務諸表を作成する

　では順々にいきましょう。

個別財務諸表の合算（ステップ❶と❷）

　連結財務諸表を作成する場合であっても、各社は**個別財務諸表を作成**します。

親会社の個別財務諸表 ＋ 子会社の個別財務諸表 ≒ 連結財務諸表

　という関係にあるため、連結財務諸表の作成は、**個別財務諸表を合算**するところから始まります。

例えば、親会社の貸借対照表に現金が1,000円、子会社の貸借対照表に現金が500円計上されている場合、足し合わせて1,500円とします。

これをすべての勘定科目で行います。

この合算により連結財務諸表のベースができ上がりです。

連結修正仕訳の考え方（ステップ❸）

個別財務諸表を単純合算しただけでは、連結財務諸表のあるべき金額にはなりません。

その理由は色々あるのですが、上述した**「個別財務諸表には親子会社間の取引が計上されてしまう」**が一番典型的な理由です。

この点について、最も基本的な連結修正仕訳である、**「投資と資本の相殺消去」**を用いて解説をします。

投資と資本の相殺消去

- P社は100円出資してS社を設立した
- S社設立に伴い、P社はS社株式を100%取得した

● 子会社に出資し、子会社の株式を100%取得した場合

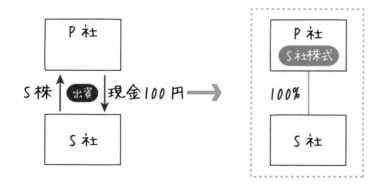

この非常にシンプルなケースを考えます。

216

個別財務諸表の作成（ステップ❶）

＜P社の仕訳＞

（借）S社株式［資産＋］ 100 （貸）現金［資産−］ 100

＜S社の仕訳＞

（借）現金［資産＋］ 100 （貸）資本金［純資産＋］ 100

貸借対照表は以下のようになります。

● 個別貸借対照表

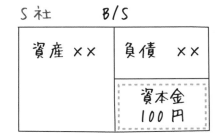

水色の点線を引いた部分に注目してみてください。

P社では、**S社に現金を出資**した結果、**S社株式という資産を計上**しています。

S社では、P社から出資を受けることで、**資本金が増加**しています。

この貸借対照表を合算し、
必要な修正を行えば、連結
貸借対照表が完成します。

個別財務諸表の合算（ステップ❷）

では、この個別貸借対照表を合算してみましょう。

個別貸借対照表を合算すると、以下のようになります。

● 貸借対照表の合計

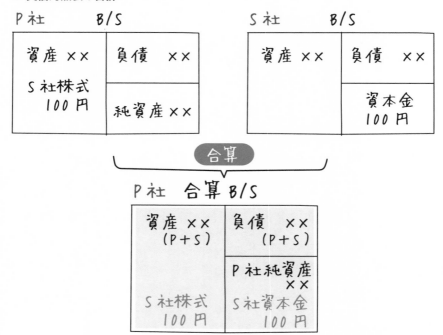

連結修正仕訳（ステップ❸）

単に合算しただけなので、100円を出資したことによる**S社株式100円とS社資本金100円**が計上されています。

しかし、企業集団で考えてみた場合、**子会社への出資は企業集団内部の取引**です。

先ほど説明したとおり、連結財務諸表では内部取引はなかったものとみなされます。そのため、**内部取引で増加したS社株式とS社資本金は相殺して消去**しないといけません。

● 内部取引で増加したS社資本とS社株式は相殺消去する

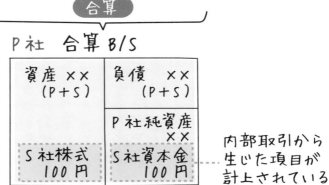

内部取引から
生じた項目が
計上されている

　そこで、連結財務諸表を作るために、これらを**相殺消去する仕訳**をします。

（借）S社資本金　100　　　（貸）S社株式　100

　これが**「投資と資本の相殺消去」**という連結修正仕訳になります。**S社株式（投資）と資本（S社の純資産）を相殺**するのです。

相殺の言葉の意味は、
同額を消し込んで、
なかったことにする
ことです！
まさにこのケースは
そうですね！

連結財務諸表 (まとめ)

　これで連結財務諸表が完成します。全体像と連結財務諸表を確認して
みましょう。

● **連結財務諸表作成の全体像**

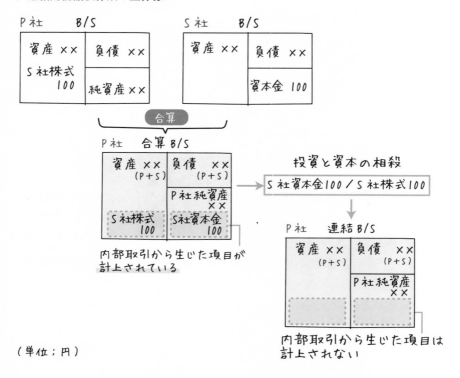

（単位：円）

　今回のケースでは、S社株式とS社資本金という企業集団内部の取引
から生じた項目を相殺しました。

　このように、**個別財務諸表には内部取引が含まれてしまう**ため、これ
らを**相殺消去するのが連結修正仕訳の基本**になります。

会計用語をおさえて、ニュースを深掘りできるようにしよう！

会計がわかると、経済ニュースも深く理解できるようになります。さあ、ライバルに差をつけるチャンスです！

01 ニュースの見出しにある IFRS って何だろう

「大企業、国際会計基準に一本化へ。トヨタ今期移行」っていうニュース見たけど、これはどういうこと？

それは、2020年6月23日の日経新聞の見出しですね。

トヨタは売上高が日本一、自動車の販売台数で世界一という日本を代表する大企業です。そんなトヨタが**国際会計基準（IFRS）を採用**したという記事。

記事には、「トヨタ自動車が2021年3月期から国際会計基準（IFRS）へと移行し、海外展開する日本の多国籍企業の会計基準はIFRSにほぼ一本化される。」と書いてあります。

これは一体どういうことでしょうか？

ちなみに、IFRSは**イファース**や**アイファス**と読みます。

> IFRS は International Financial Reporting Standards の略称です。直訳すると国際財務報告基準ですが、一般的には国際会計基準といわれます。

1 IFRSは世界共通の会計基準

会計基準とは**財務諸表を作成する際のルールブック**のことです。

従来、**会計基準は国ごとに作成**されていました。

そのため、日本企業とアメリカ企業の業績を比較しようとした場合、ルールが違うので単純比較ができません。

● **会計基準が異なると売上が違う数値になることも**

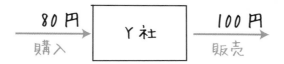

会計基準が違えば

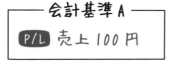

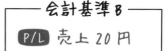

会計基準によって、会計数値が全然違うものになることがある！

　財務諸表の大きな特徴は、**すべてを金額で表す**という点です。これにより、**異なる業種・会社が比較できる**ようになります。

　「A社（アプリ開発会社）のユーザー数は100万人」と、「B社（不動産会社）のマンション販売戸数1,000件」では、単位がバラバラなので比較できませんが、「A社の利益50億円、B社の利益100億円」なら優劣が明確になります。

　このように業種関係なく、他社との比較ができるという点が財務諸表のメリットです。

　しかし、これには1つ前提があります。それは**「お互い共通のルールで財務諸表を作成している」**という前提です。もし別々のルールで作成してしまっていれば、比較はできません。

　このため、国ごとに会計基準が違うというのは、異なる国の会社どうしの業績を比較できないということを意味します。

　投資家は世界中の会社の中から投資先を探しているので、これでは不便ですよね。

　そこで近年、**会計基準の国際的な一本化**を目指そうという取り組みが進んでいます。

　会計基準を一本化するためには、**世界共通の会計基準**が必要です。その役割を担っているのが**国際会計基準（IFRS）**です。

2   IFRSの適用状況

　自国の会計基準をやめて、IFRSを採用することを**強制適用**といいます。

　2021年現在、主要国の中で**IFRSを強制適用していない国**が2つあります。それは、**アメリカと日本**です。EU諸国をはじめ、多くの国でIFRSの強制適用が進んでいますが、アメリカと日本という経済大国がまだ強制適用していません。

　その結果、いま世界における主な会計基準は、**IFRS**、**米国基準**、そして**日本基準**の3つとなっています。

　IFRSの登場で会計基準が一本化されたかといえば、まだその道半ばなのです。

3   日本におけるIFRSの取り扱い

　我が国には日本基準がありますが、日本企業がIFRSを適用できないわけではありません。日本でもIFRSの採用は認められており、希望する会社は**IFRSを採用してもよい**となっています。これを**任意適用**といいます。

　近年、任意適用によりIFRSに移行する日本企業が増えてきています。

　特に、海外でも資金調達をするような**グローバル企業の多くはIFRSを採用**しています。

● **IFRS を採用していない会社は海外投資家からは無視される？**

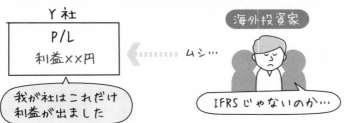

　その理由は、IFRSを採用しなければ、海外で見向きもされない可能性があるからです。

　IFRSが多くの国で採用されている現代において、国際的に正当に評価されるためには、IFRSの適用は必須という状況なのです。

　冒頭で紹介した日経新聞の記事は、トヨタがIFRSを任意適用するという記事です（ちなみに、IFRS適用前は米国基準を採用していました）。

　トヨタはIFRSに移行した理由として**「資本市場での財務情報の国際的な比較可能性の向上」**を挙げています。キーワードは**「国際的な比較可能性」**ですね。ここまで読んでくれたみなさんは、もうこの意味がわかると思います。

4　日本基準とIFRSの違い

　「時代はIFRSだから、日本基準を勉強しても意味がないのでは？」と質問を受けることもありますが、そうではありません。

　現在も**日本企業の多くが日本基準を採用**しています。また、日本基準とIFRSは別の会計基準ではありますが、その**中身は似ている**部分が多々あります。

　日本では日本基準に関する書籍は充実していますが、IFRSはそれほどではありません。

　よって、**まずは日本基準から勉強し**、**その上でIFRS特有の部分を学習する**、というのがおすすめです。

　本書では、日本基準とIFRSの差異のうち、特に大きな影響があるものを2つご紹介します。

のれんの扱いが日本基準とIFRSでは違う！

　あとで説明しますが、資産の1つに**「のれん」**というものがあります。このこのれんの扱いが違います。

- **日本基準：のれんは減価償却する**
- **IFRS：のれんは減価償却しない**

日本基準ではのれんを償却するので、その**費用が毎期計上**されます。対して、**IFRSではその費用が計上されません。**

そのため、のれんの償却費用を考えると、日本基準の方が利益が少なくなるため、日本基準を採用している会社の方が業績的には不利になります。

原則主義と損益計算書の表示

IFRSの特徴として「**原則主義**」が挙げられます。

原則主義とは、**会計基準で細かいルールを設けずに、大まかな考え方とその会計処理のみを示す**というものです。

IFRSでは、細かいルールが定められていないため、具体的な会計処理は個々の会社ごとに判断することになります。

一方、「**日本基準は細則主義**」であり、ルールが詳細に定められています。会社はそのルールに基づいて会計処理を行うため、個々の会社が判断する余地は多くありません。

IFRSは自由度が高く、日本基準は自由度が低いといえるでしょう。この自由度の違いが大きく現れてくるのが、**損益計算書の表示**です。

日本基準の損益計算書では、売上高から始まって、売上総利益、営業利益、経常利益、税引前当期純利益そして当期純利益と、**段階的に利益を表示**しなければなりません。この点は、4時限目で説明しましたね。

また、**どの費用をどの区分に計上するかということも詳細に定められています。**会社によって計上区分が違う、ということは基本的にありません。

一方IFRSでは、**そもそも営業利益の表示は義務づけられていません。**営業利益を表示するかどうかは、会社判断で決めることができます。日本基準では考えられないほど、自由度が高いのです。

そうであるため、営業利益に何を含めるかということについても会社が自由に決められます。

これは、会社ごとに営業利益の中身が異なることを意味します。

「A社では〇〇費用を営業利益から引いているのに対し、B社では〇〇費用は営業利益からは引いていない」ということがIFRSではあり得

るのです。

　次の2つの損益計算書を見てください。これは、携帯大手のソフトバンクとKDDIの連結損益計算書です。いずれもIFRSを適用しています。注目するのは、**「持分法による投資利益（以下、持分法利益）」**という項目です。これは、**子会社以外のグループ会社からの利益**を意味します。

　ソフトバンクは持分法利益を営業利益の下に計上し、KDDIは営業利益の上に計上しています。つまり、両社で営業利益の意味合いが違っているのです。日本基準では、「持分法利益は営業利益の下に計上する」という規定があるので、このようなことは起きません。

● ソフトバンクとKDDIの損益計算書

ソフトバンク　　　　　　　　　　　　　（単位：百万円）

当連結会計年度（2020年4月1日〜2021年3月31）	
売上高	5,205,537
売上原価	△ 2,701,790
売上総利益	2,503,747
販売費及び一般管理費	△ 1,522,975
その他の営業収益	―
その他の営業費用	△ 10,002
営業利益	970,770
持分法による投資損益	△ 45,490
金融収益	5,906
金融費用	
持分法による投資	
持分法による投資	
税引前利益	847,699
法人所得税	△ 299,979
純利益	547,720

> 営業利益の下にある。
> ⇒営業利益に含めていない！

KDDI　　　　　　　　　　　　　　　　　（単位：百万円）

当連結会計年度（2020年4月1日〜2021年3月31）	
売上高	5,312,599
売上原価	△ 2,928,175
売上総利益	
販売費及び一般管理	
その他の営業収益	
その他の営業費用	
持分法による投資損益	4,884
営業利益	1,037,395
金融収益	6,539
金融費用	8,311
その他の営業外損益	2,433
税引前当期利益	1,038,056
法人所得税費用	331,451
当期利益	706,605

> 営業利益の上にある。
> ⇒営業利益に含めている！

　「IFRSを用いると世界中の企業が比較できる」といいました。しかし、**IFRSは自由度が高すぎるが故に、逆に比較がしづらい**という側面も持ち合わせています。

　もしIFRSの財務諸表を見る場合、その点に注意する必要があります。

ちなみにIFRSでは、臨時的な損益という概念がないので、経常利益や特別損益という区分がありません。上記のP/Lでも営業利益の次が、税引前利益になってますね。

02 減損損失

よく見出しに出てくる減損ってなんだろう？

『日立、英原発事業凍結で減損3000億円　19年3月期』
2019年1月17日の日経新聞の見出しです。
簡単に内容をまとめると次のようになります。

- 日立製作所が、原子力発電所の建設事業の凍結により減損損失を約3,000億円計上する。
- 減損損失の計上により、2019年3月期の業績は従来予想を3,000億円下回り、減益となる。
- 営業利益については、従来予想の7,500億円を据え置いた。

　日立製作所が、3,000億円という多額の減損損失を計上したとの記事です。この**減損損失により業績は大きく悪化**しています。しかし、**営業利益には影響がない**ともあります。

2 **減損損失とは**

　減損損失は、**投資した金額のうち回収できなくなってしまった金額**のことをいいます。簡単に言えば、**投資の失敗**です。
　減損損失は、資産がお金を稼げなくなった際に計上されます。

3 減損の前に、知っておくべきこと

　減損損失を理解するためには、貸借対照表の資産のことを理解する必要があります。具体的には、**資産の金額の意味**です。

　会社が、新製品のための工場を60億円で取得したとします。会社が60億円投資をするのは、その投資額以上のお金（例えば100億円）を獲得できると見込んでいるからです。

10億円しか回収できないなら、そもそも60億円の投資なんてしないもんね。

　そのため、貸借対照表の資産の金額には**「この資産からは、その金額以上のお金稼ぐよ」**という意味があるのです。

● **貸借対照表の資産は、その金額以上を稼ぐという意味がある**

B/S

建物
60億円

60億円以上の
お金を稼ぐよ

を意味している

4 減損損失がイメージできる具体例

　しかし、投資をした後に状況が変わることもあります。

　「100億円以上稼ぐつもりで工場に60億円も投資をしたけど、10億円しか回収できそうにない…」

　このように、お金を稼ぐ力が落ちることを、**収益性が悪化する**といいます。資産の収益性が悪化した際に計上されるのが、減損損失です。

具体例 減損損失

● 建物（工場）を60億円で取得した。

● この工場で製品Aを製造・販売することにより将来100億円儲かる（現金が増える）と見込んでいた。

● しかし競合他社から新製品Bが発売された結果、「10億円しか現金を増やすことができなさそう」と見込みが変化した。

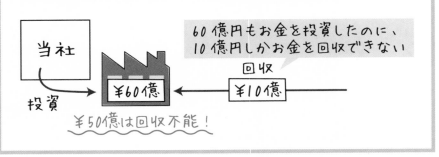

　減損損失を考慮しなかった場合、貸借対照表に計上される建物（工場）の金額は60億円になります。

　しかし、これは適切ではありません。その貸借対照表では、「建物から60億円以上を獲得できる」という意味になってしまうからです。

　回収できると見込んでいる金額は10億円です。

　よって、**建物を10億円に減額する必要があります。** これを減損処理といいます。

● 減損処理

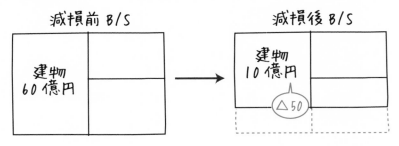

230

　減損処理に伴い、損益計算書に費用を計上します。この費用が**「減損損失」**です。つまり、減損損失は投資が失敗したことを意味しているのです。

　仕訳は、次のようになります。

（借）減損損失［費用＋］　　　　50億　（貸）建物［資産－］　50億

5 | 減損損失の特徴

減損損失は多額になりやすい

　減損損失の金額は多額になりやすく、企業の業績に大きな影響を与えることが多々あります。

　特に、資源ビジネスや多くの小売店を抱える企業など、**所有する資産の金額が大きいほど、減損損失は多額になりやすい**です。

　冒頭で紹介した、日立製作所の減損損失は、原子力発電所の建設事業に伴うものでした。そして、そこから生じた減損損失の金額はなんと3,499億円。

　その期の純利益は3,210億円です。

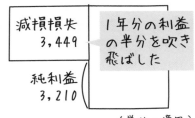

　損益計算書

減損損失　3,449
　　　　　　1年分の利益の半分を吹き飛ばした
純利益　3,210

（単位：億円）

 利益と同じに近い金額が減損損失で飛んでしまったのか

経常的なものではない

　減損損失は、**損益計算書の特別損失の区分に計上**されます。そのた

め、多額の減損損失が生じたとしても、営業利益や経常利益がその分減るわけではありません（158ページ参照）。

イオングループで小売チェーンのマックスバリュ西日本は、店舗の収益性の悪化を理由に、2020年2月期に減損損失54億円を計上しました。その結果、純利益は大赤字となりました。

しかし、その期の営業利益は28億円もあり、前年度よりも増えていました。**減損損失は純利益を大きく減らしますが、計上区分が特別損失であるため、営業利益や経常利益には影響を与えない**のです。

特別損失に計上される理由は、**毎期生じるものではない**からです。多額の減損損失を計上したとしても、その影響は当期のみなので、翌期の業績はV字回復することがあります。

マックスバリュ西日本は、減損損失を計上した期は53億円の赤字でしたが、その翌期は40億円の黒字になりました。

同時期に、多くの企業で計上されることがある

2020年から猛威をふるっている新型コロナウイルスにより、多くの企業の業績が悪化してしまいました。ウイルスの蔓延による経済活動の停止は、企業からすれば**想定外の環境変化**です。

資産の収益性の悪化の要因には、このような環境の変化によるものも含まれます。そのため、**多くの企業で同時期に減損損失が生じる**ということが多くあります。実際、新型コロナウイルスの影響により、減損損失の計上が相次ぎました。

 確かに、減損損失のニュースをよく見たような…。

工場や土地などの資産だけでなく、合併・買収によるのれんも減損対象になるんですよ！
詳しくは、この次に説明します。

03 のれん

1 ニュースの見出しの「のれん」って何?

『丸紅が巨額減損　コロナが忍び寄る「のれん」火薬庫』
2020年3月30日の日経新聞の見出しです。
簡単に内容をまとめると次のようになります。

- 総合商社の丸紅は2013年に米国の穀物大手ガビロンを買収し、のれんを1,000億円計上した。
- 2020年3月期にのれんを減損し、のれんの評価額はゼロとなった。
- 新型コロナは過去の積極的なM&A（合併・買収）で積み上がった「のれん」という火薬庫に忍び寄っている。

　丸紅ののれんに関する記事です。丸紅が**のれんを減損**し1,000億円もの減損損失を計上しました。また、のれんを「火薬庫」と表現し、**のれんを計上している企業は、多額の減損損失を計上するリスクがある**という内容です。
　のれんとは一体なんなのでしょうか?

2 のれんをひと言でいうと

　のれんをひと言でいえば、**買収した会社のプレミアム**です。
　のれんは、会社を買収した際に生じるもので、簿記の5要素でいえば、**資産に該当**します。
　しかし、資産であるにも関わらず目に見える実態はありません。また、売却することもできません。ですが、のれんの金額はとても多額に

なります。

　かなり特殊な資産なのですが、業績に大きな影響を与えるのでニュースにも頻繁に登場します。

3　のれんを理解するための前提知識

プレミアムとは

　記念切符やレトロゲーム、レアカードなど、希少性が高いものは、**定価以上の価格（時には、信じられないほどの価格）で売買される**ことがあります。このような価格を**プレミアム価格**といいます。

　切符コレクターであれば、定価100円の記念切符を1,000円出してでも買うかもしれません。このとき、**高く払った900円がプレミアム**です。

　のれんとはこのプレミアムのことを指します。

　仕訳で表現すれば、次のようになります。

＜100円の切符を100円で買った場合＞

（借）切符［資産＋］	100	（貸）現金［資産－］	100

＜100円の切符を1,000円で買った場合＞

（借）切符　［資産＋］	100	（貸）現金［資産－］	1,000
のれん［資産＋］	900		

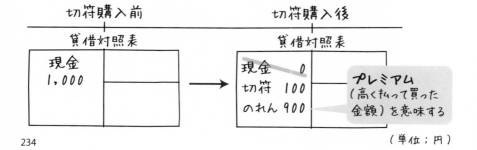

（単位：円）

234

企業買収の際にプレミアムが発生する

　会計上、**のれんは買収の際にしか生じない**ため、**買収プレミアム**ということもあります。

　例えば、右のようなB社があるとします。

　B社の純資産は100円になっています。この**100円は会計上におけるB社の価値**を表しています。

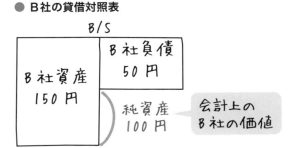

● B社の貸借対照表

B/S

B社資産 150円

B社負債 50円

純資産 100円

会計上の B社の価値

- ●資産150円 ⇨ いま150円の財産がある
- ●負債50円 ⇨ 50円の支払義務がある
- ●純資産100円⇨ 資産150円から負債50円を支払った場合に残る金額
　　　　　　　　つまり、B社の価値は100円

　ここでA社が、グループ傘下にB社を入れたくて、B社の買収交渉を始めたとしましょう。B社の持ち主（オーナー）はB社株主ですので、A社はB社株主と交渉します。

　B社株主は、B社を100円で売ってくれるでしょうか？

　答えは**否**です。

　B社株主が、「B社はこの先500円稼いでくれる」と期待している場合、A社に100円で売るよりもB社株式を保有し続けて、配当金として500円受け取った方が得するからです。

　そこで、**A社はプレミアムを乗せた買収価格（例えば1,000円）を**B社株主に提案します。A社が買収価格1,000円を提案し、B社株主がこれをOKすれば交渉成立です。晴れてA社はB社を買収することができます。

　このとき、**A社の買収後の貸借対照表には、のれんが900円計上される**ことになります。

● 会計上の純資産より高く買収した部分が「のれん」

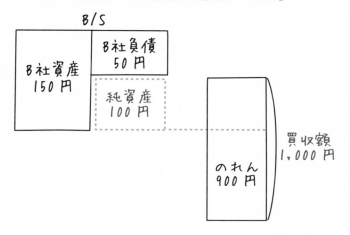

A社における買収の仕訳は次のようになります。

(借)B社 [資産＋]	100	(貸)現金[資産−]	1,000
のれん [資産＋]	900		

※上記仕訳は、B社自体を1つの資産として捉えた仕訳です。実際には、B社の資産・負債を引き受けるので、正しくは次の仕訳になります。

(借)B社資産 [資産＋]	150	(貸)B社負債[負債＋]	50
のれん [資産＋]	900	現金 [資産−]	1,000

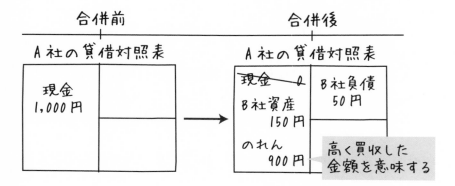

のれんはなぜ資産なのか？ーのれんの本質を考える

では、なぜのれんは資産になるのでしょうか？

まずは、どうしてA社はプレミアムを払ってまでB社を買収したのか？を考えてみます。

A社がプレミアム900円を払った理由、それは「A社はB社が将来、900円以上稼いでくれる」と期待しているからです。

買収前に、A社が次のように考えていたとしましょう。

「B社はこの先、10年間で最低でも900円は稼いでくれるはず」

もし、A社の予想どおりB社がこの先900円稼いだ場合、貸借対照表は次のようになります（負債の金額は変化しなかったと仮定）。

● 10年後に 900 円以上稼ぐと期待した B/S

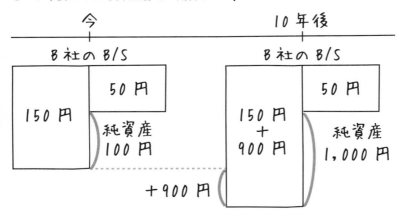

この10年後の貸借対照表を、**期待B/S**と名付けてみます。

期待B/SがA社から見たB社であり、その**純資産は1,000円**となっています。

つまり、この先900円稼ぐと考えているA社からすれば、B社の価値は1,000円なのです。これが、B社の買収にあたって、プレミアム900円を払った理由です。

では、このプレミアムを資産とする理由を説明します。それは、**「プレミアムは、将来稼ぎ出してくれると期待している金額」**を意味しているからです。

　減損損失の際に説明したとおり、貸借対照表の資産計上額は「将来、その金額以上のお金を稼ぐ」ことを示しています。

　つまり、「将来お金を生み出すもの＝資産」なのです。プレミアムは、**将来お金を生み出すと期待している金額なので、資産となる**のです。

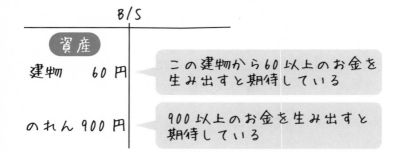

4　のれんの特徴

換金可能性はない

　通常、**資産には換金可能性があります**。換金可能性とは、売却して換金できるということです。建物にしても株式にしても売却することで換金できます。

　しかし、**のれんは例外**です。

　のれんは資産ですが、その中身は**買収プレミアム**です。乱暴に言えば、**ただ単に高い金額を払っただけ**です。**実態はないので、換金することはできません。**

　基本的に資産の金額が大きいほど、倒産する可能性は低くなります。

　しかし、多額の資産を有する会社であったとしても、**その大部分がのれんである場合、安全な会社とは言い切れない**のです。

金額が多額になりやすい

　企業買収の額は、驚くほど高い金額となることがよくあります。2019年に、武田薬品工業によるアイルランドの製薬大手シャイアーの買収が話題になりました。

　その買収額はなんと6兆円であり、のれんの金額は3兆円にも及びました。**買収額6兆円のうち半分がプレミアム**部分だったのです。

　買収直後の武田薬品工業の資産合計は約14兆円になりました。このうち、のれんの金額は約4兆円（シャイアー買収以外ののれんも含む）です。実に、総資産のうち3割もの金額がのれんになったのです。

のれんは減価償却する

　先ほどの具体例では、**10年で900円稼ぐと期待**していました。つまり、このプレミアムの有効期間は10年間です。

　よって、**10年間でプレミアムの価値はなくなる**と考え、**のれんは償却**します。償却するという点は、建物と同じです。

　のれんの金額は多額になると説明しましたが、その分、のれんの償却費用も大きくなるのです。

　償却費用以上の利益を稼ぎ出さないと、赤字になってしまうため、買収した側には大きなプレッシャーがかかります。

IFRSでは償却しない

　のれんの取り扱いは、日本基準とIFRSで大きく違います。

- **日本基準では、のれんは償却する**
- **IFRSでは、のれんは償却しない**

　IFRSでは、**プレミアムの価値は時の経過では下がらない**と考えているのです。

　これは、記念切符で考えてみればわかりやすいです。

　記念切符の**プレミアムの価値は、時の経過で下がりません**。むしろ、

より希少性が高まり、下がるどころか上がる可能性すらあります。

IFRSではこの考え方を採用し、のれんは償却しないのです。

- ●日本基準：お金を稼ぐ力には有効年数がある ⇨ のれんは償却する
- ●IFRS：プレミアムの価値は下がらない ⇨ のれんは非償却

のれんの金額は多額であるため、日本基準とIFRSのどちらを採用するかによって、買収後の利益は大きく変わります。

のれんを償却しない**IFRS**の方が、買収後の利益は大きくなるため、**企業にとっては有利**な基準といえます。

近年、IFRSを採用する日本企業が増加傾向にありますが、のれんが非償却である点も理由の１つです。

IFRSでは減損テストを実施する

IFRSでは、のれんは非償却である一方、**毎期末に減損テストを実施**しなければなりません。減損テストとは、減損していないかどうかを確認することです。

プレミアムの価値は時の経過では下がりませんが、状況の変化によって下がることがあり得るからです。もし、買収した企業が、期待どおりの稼ぎをあげることができなければ、プレミアムの価値はなくなります。つまり、のれんについて減損損失を計上します。

冒頭で紹介した、丸紅はIFRSを適用しています。そのため、ガビロンを買収した際に計上したのれん1,000億円は非償却でした。

しかし、**買収した約７年後に、そののれんを一気に減損したのです。**その結果、2020年3月期の純利益は過去最大の1,900億円の赤字になりました。

のれんの減損は、買収が失敗だったことを意味するのです。

 IFRSは、のれんを償却しないから利益は出やすいけど、もし買収が失敗と判断したら、一気に業績が下振れするんだね…まさしく、火薬庫だ…。

04 収益認識基準

1 ニュースの見出し「収益認識基準」って何？

『新会計ルールで「大幅減収」相次ぐ　三越伊勢丹、
今期5,000億円目減り』
2021年5月13日の日経新聞の見出しです。
簡単に内容をまとめると次のようになります。

- 2021年度から売上高が小さくなる企業が相次ぐ。
- 三越伊勢丹ホールディングスは、2022年3月期の売上高が5,000
億円減少すると見込んでいる。
- しかし、この減少は事業活動の良し悪しとは関係がない。
- これは、「収益認識に関する会計基準」の影響。

　収益認識に関する会計基準（以下、**収益認識基準**）の影響で、売上高
が減少するという記事です。売上高の減少は、**事業活動の良し悪しとは
関係ない**と書いてあります。
　売上高が減ったのに、事業が悪くなったわけではないとはどういうこ
となのでしょうか？

2 収益認識基準は、新しい会計ルール

　収益認識基準は、**売上高の計算に関する新しい会計ルール**です。2021
年から適用されています。
　従来、日本基準とIFRSでは、売上高に関するルールが大きく異なり
ました。**その差を埋めるために日本で新たに作られた会計ルールが、収**

241

益認識基準です。収益認識基準ではIFRSの内容を全面的に取り入れたので、日本基準とIFRSの差はなくなりました。

しかしその結果、三越伊勢丹のように売上高が大きく目減りする企業が出てきてしまっています。

収益認識基準の影響は広範囲に及ぶのですが、その中でもとりわけ影響が大きいのは**「代理人取引」**と呼ばれるものです。

三越伊勢丹の減収も代理人取引が影響しています。

3 代理人取引を理解するための前提知識 （従来の会計処理）

百貨店には、様々なお店が入っています。

ここで、百貨店を営む会社をA社、そこに出店している会社（衣料品メーカー）をB社とします。

また、A社におけるB社商品（洋服）の仕入値は6,000円、そして、販売価格10,000円でお客さんに売ったとします。

収益認識基準が作られる前まで、A社は次のように損益計算書を作成していました。

● 収益認識基準が作られる前のA社の損益計算書

```
A社　損益計算書
売上高　　　10,000円
売上原価　　 6,000円
売上総利益　 4,000円
```

この損益計算書は、**「6,000円で仕入れた商品を、10,000円で売ったから、4,000円儲かった」**ということを表しています。

特に違和感ないように思えますが、収益認識基準の適用により、A社の損益計算書は大きく変わることになります。

4 収益認識基準ではこうなる

新しい収益認識基準では、百貨店は商品を販売しているのではなく、**手数料収入**を得て儲けていると考えます。そして、その考え方に基づき、下記のような損益計算書を作成します。

● **収益認識基準を適用した後のＡ社の損益計算書**

```
A社　損益計算書
売上高(手数料収入) 4,000円
売上原価        0円
売上総利益   4,000円
```

　売上総利益は変わっていませんが、売上高は10,000円から4,000円に大きく減少しています。なぜなら、「商品を10,000円で販売した」のではなく、**「手数料4,000円を獲得した」**と考えるからです。

　百貨店における商品販売までの流れは、次のようになります。

❶ **Ｂ社がＡ社百貨店のテナントスペースに商品（洋服）を陳列する**
❷ **お客さんがＡ社百貨店で洋服を10,000円で購入する**

　一見すると、Ａ社百貨店で商品が売れているので、Ａ社の売上は10,000円で良さそうです。しかし、商品を用意し、価格を決め、販売スタッフを用意するといった**販売活動を行っているのはＢ社**です。商品を販売するための努力をしているのはＢ社であり、Ａ社ではないのです。

　では、Ａ社は何をしているのでしょうか。それは、Ｂ社にテナントスペースを提供することで、Ｂ社とお客を結びつけてあげているのです。

　このＡ社のように、**他社とお客を結びつける役割を担う会社**のこと

を、「**代理人**」と呼びます。

代理人の場合、自社の商品を販売しているわけではありません。よって、売上高は販売額の10,000円ではなく、手数料部分の4,000円とします。これが収益認識基準の考え方なのです。

商品を売っているのは百貨店のA社ではなく、出店しているB社。言われてみれば、納得ですよね。

収益認識基準の適用により、**ビジネスの実態が適切に表されることになった**のです。

5 収益認識基準の影響に注意しよう

従来の損益計算書では、代理人であっても取引の総額を示していました（6,000円の商品が10,000円で売れたから4,000円儲かった）。

しかし、**収益認識基準では純額で示す**ことに変わりました（手数料で4,000円儲かった）。

総額表示から純額表示に変わることで、売上高自体は大きく減少します。しかし、**この減少は商品が売れなくなったことを意味しません**。

単に、百貨店のビジネスモデルの捉え方を、手数料ビジネスに変えただけなのです。逆にいえば、4,000円儲かったこと自体は変わりません。そのため、**売上高は大きく減りますが、売上総利益は変化しない**です。

冒頭に紹介した日経の記事では、「三越伊勢丹の**売上高は5,000億円減少**と見込んでいるが、この減少は**事業活動の善し悪しとは関係がない**」と書いてありました。これは、「総額表示が純額表示に変わっただけ」ということを意味していたのです。

なお、純額表示に変わることで影響を受けるのは百貨店だけではありません。商社や広告代理店においても、同様の影響を受けます。

もし、これらの業界の**売上高の増減分析をする際は、収益認識基準の影響に注意**しましょう。

 なるほど、株式投資なんかやっている人には重要だね！

05 税効果会計（繰延税金資産）

1 大企業が大赤字のニュース！原因は？

『パナソニックが2年連続の巨額赤字へ、63年ぶり無配転落』

内容は2012年のものになりますが、とても印象的なものでしたのでご紹介します。

- パナソニックの2013年3月期の純利益は7,500億円もの赤字。
- 赤字になった要因は、販売の低迷に加えて繰延税金資産4,100億円の取り崩しが大きい。

パナソニックの2013年3月期の営業利益は1,600億円の黒字でした。しかし、最終的な純利益は7,500億円もの大赤字です。その理由の1つが、**繰延税金資産の取り崩し**です。その金額はなんと4,100億円。パナソニックを大赤字に追い込んだ、繰延税金資産とはなんなのでしょうか？

2 財務会計と税務会計

会社が支払う税金のうち、**利益にかかる税金を法人税等**といいます。法人税等は、法人税、住民税、事業税の総称で、その税率は約30%です（これ以降は、30%という前提で説明します）。

では、「利益が100万円なら法人税等が30万円になるか」というと、そうとは限りません。50万円になることもあれば、ゼロになることもあります。

この理由は、**財務会計と税務会計（税法）は別もの**だからです。財務諸表を作成するための会計を「財務会計」といいます。本書で説明し

ているのは、この財務会計です。対して、税金を計算するための会計を
「税務会計」といいます。

　税引前利益は財務会計により計算されますが、**法人税等は税法に従い
計算**されるので、税率が30％であったとしても、綺麗に30％にはなら
ないのです。

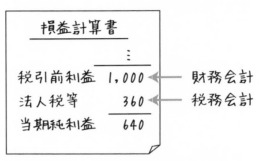

税金前利益と法人税等が、30％の関係にならない！

参考　DTA と税効果会計
....
　繰延税金資産は D T A と略すことが多いです（DTA は Deferred Tax Asset の頭文
字）。また、繰延税金資産に関する会計処理が定められている会計基準を「税効果会計」
といいます。

3 　繰延税金資産とは

　次の2年分の損益計算書を見てみてください。

● 2年分の損益計算書

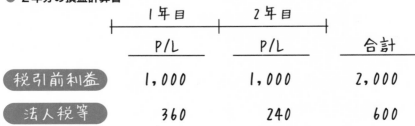

	1年目 P/L	2年目 P/L	合計
税引前利益	1,000	1,000	2,000
法人税等	360	240	600

　1年目2年目ともに、税引前利益は1,000円なので、本来、**法人税等は300円になるべき**です。しかし、どちらも300円になっておらず30％の関係が崩れています。この理由は、先ほど説明したとおり、財務会計と税務会計が別だからです。

　合計値に注目してみましょう。税引前利益が2,000円、法人税等が600円なので、**合計だと30％の関係**になっています。単年度ごとに見るとズレが生じるのですが、トータルで見ると30％の関係になるのです。

 財務会計と税務会計は、一時的にズレてるだけなんだね。

　これを前提に、上記の損益計算書は次のように捉えられます。

- **1年目：税金は本来300円なのに、360円支払った。**
  ⇨ 法人税等を60円前払いした。
- **2年目：税金は本来300円なのに、240円で済んだ。**
  ⇨ 1年目に前払いした分だけ、2年目の支払額は60円少なくなった。

　ポイントは、**「1年目に税金を前払いした⇨将来の法人税等が少なくなる」**という点です。このとき、1年目の貸借対照表に計上されるのが「繰延税金資産」です。

　繰延税金資産は、将来の税金が少なくなることを意味する資産なのです。

● 1年目の貸借対照表

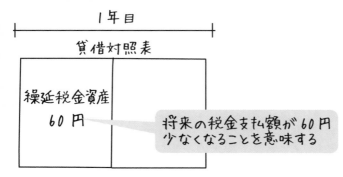

ちなみに、上記の具体例では2年目の税金が少なくなっていました
が、必ず2年目に少なくなるわけではありません。5年後、10年後とい
うこともあります。

4　赤字の場合、法人税等はどうなる？

　ところで、もし利益が赤字だった場合、法人税等はいくらになるので
しょうか？

 1,000円の赤字なら、税金はマイナス300円？

　そう考えたくなりますが、法人税等にマイナスという概念はありませ
ん。そのため、**赤字だった場合、法人税等はゼロ**になります。

● **赤字の場合の法人税等の支払い**

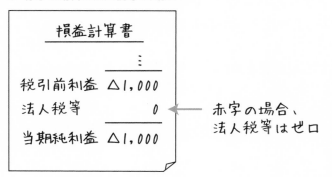

　じゃあ、過去に法人税等を前払いしていたとしたら、赤字のときの法
人税等はどうなるでしょうか？

 さっきの具体例では、2年目の法人税等は60円少ない240
円になってたけど…

　そうですね。**前払いした場合、将来の税金はその分少なくなりまし**

た。しかし、その例は、2年目が黒字のケースです。

　2年目が赤字だった場合、元から法人税等はゼロです。過去に前払いがあったとしても、やはりゼロです。

　つまり、**前払いがあってもなくても、赤字の場合の法人税等はゼロな**のです。

● **2年目が黒字の場合と赤字の場合**

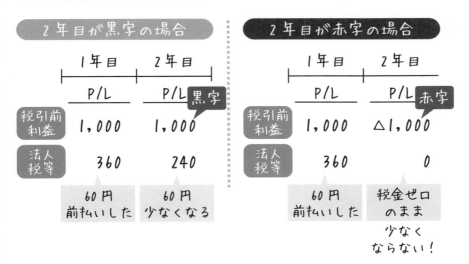

5 　　**将来、利益が見込めないなら繰延税金資産を取り崩す**

　せっかく前払いしたとしても、将来利益が出ないなら税金は少なくなりません。つまり、**前払いした60円の分だけ、純粋に損してしまう**というわけです。

　この損が、**「繰延税金資産の取り崩し」**による損です。

● 繰延税金資産の取り崩し

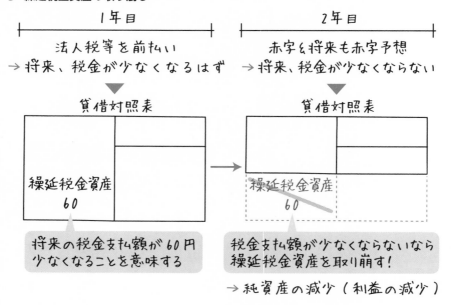

税金が十分に発生するくらい将来稼げる見込みがあれば、繰延税金資産を取り崩す必要はありません。しかし、**稼ぐ力が落ちてしまい、前払いした税金が無駄になってしまうことが判明したら、繰延税金資産を取り崩さなければならない**のです。

冒頭のパナソニックの場合、過去に4,100億円もの税金を前払いしていた分が、無駄になってしまったというわけです。

なお、**繰延税金資産を取り崩した場合の仕訳**は次のようになります。

(借) 法人税等調整額[費用+] 60　　(貸) 繰延税金資産[資産−] 60

借方の**法人税等調整額は費用**です。損益計算書では法人税等の区分に計上されます。

そのため、繰延税金資産の取り崩し自体は、**当期純利益**にしか影響を与えません（営業利益、経常利益、税引前当期利益には影響しません）。

8時限目

投資にも役立つ！　会社の財務諸表を分析してみよう！

財務諸表の分析方法を学習します！財務分析を学んだ後は、株式投資や仕事に活かしてみましょう！

01 財務分析の基本

1　株式投資にもビジネスにも役立つ財務分析

　財務分析とは、その会社の状況をより的確に把握するために、**財務諸表の数値を分析する**ことです。

　財務分析は**株式投資をする際に大きな武器**になります。

　また、株式投資だけでなく**ビジネスの現場でも役立てる**ことができます。社内の部門別の売上や利益情報から、自分の所属する部門の強み・弱みを把握し、次の打ち手や改善点を考えられるようになるからです。

　ビジネスは最終的にすべて財務情報という数値に反映されます。

　財務分析を知ることで、単に数値を眺めているだけでは得られない多くの情報を得ることができるようになるのです。

2　財務分析の基本は比較

　財務分析の基本は**比較**です。

　「売上が1億円」という金額だけでは、その売上が高いのか低いのかはわかりません。良し悪しを判断するには**期間比較**をする必要があります。

　前期の売上5,000万円が1億円になったのか、それとも10億円だったものが1億円になってしまったのか、同じ売上1億円という情報であってもその意味は変わるのです。

　また、比較には期間比較だけでなく、**他社・他部門との比較**もあります。

　売上が前期よりも10%伸びたとしても、ライバル企業が30%伸ばしていた場合、10%では不十分という判断になります。当社の10%の伸び

は当社の努力ではなく、外部環境の変化が要因かもしれないからです。

比較をすることで、その財務数値の本当の意味が見えてくるのです。

3 財務分析では大枠を捉えることが大事

財務諸表を実際に見てみましょう。

●日本マクドナルドホールディングス 2020 年 12 月期 連結貸借対照表

（単位：百万円）

	当連結会計年度 （自 2020 年 12 月 31 日）
資産の部	
流動資産	
現金及び預金	62,741
売掛金	21,668
原材料及び貯蔵品	1,141
その他	5,562
貸倒引当金	△ 9
流動資産合計	91,104
固定資産	
有形固定資産	
建物及び建築物	104,857
減価償却費累計	△ 50,676
建築物及び構築物（純額）	54,180
機械及び装置	17,872
減価償却累計額	△ 9,448
機械及び装置（純額）	8,424
工具、器具及び備品	15,767
減価償却累計額	△ 8,507
工具、器具及び備品（純額）	7,259
土地	19,386
リース資産	5,320
減価償却累計額	△ 4,636
リース資産（純額）	683
建物仮勘定	1,637
有形固定資産合計	91,571
無形固定資産	
のれん	467
ソフトウエア	8,078
その他	694
無形固定資産合計	9,240
投資その他の資産	
投資有価証券	56
長期貸付金	9
繰延税金資産	4,501
敷金及び保証金	33,748
その他	3,991
貸倒引当金	△ 1,237
投資その他の資産合計	41,068
固定資産合計	141,880
資産合計	232,984

	当連結会計年度 （自2020年12月31日）
負債の部	
流動負債	
買掛金	793
リース債務	256
未払金	28,819
未払費用	6,972
未払法人税等	5,177
未払消費税等	2,523
賞与引当金	2,229
たな卸資産処分損失引当金	120
その他	3,110
流動負債合計	50,001
固定負債	
長期借入金	500
リース債務	551
賞与引当金	430
役員賞与引当金	203
役員退職慰労引当金	247
退職給付に係る負債	1,365
資産除去債務	3,956
繰延税金負債	3
再評価にかかる繰延税金負債	291
その他	350
固定負債合計	7,901
負債合計	57,902
純資産の部	
株式資本	
資本金	24,113
資本余剰金	42,124
利益余剰金	113,016
自己株式	△ 2
株主資本合計	179,251
その他の包括利益累計額	
土地再評価差額	△ 4,242
退職給付金に係る調整累計額	72
その他の包括利益累計額合計	△4,169
純資産合計	175,081
負債純資産合計	232,984

　財務諸表には多くの項目があります。そのため、つい1つひとつの金額を見てしまいがちになりますが、財務分析においては細かいことは気にしないことが重要です。**大きな数字に注目**するようにしましょう。

●日本マクドナルドホールディングスの連結貸借対照表

連結貸借対照表

流動資産 91,104	流動負債 50,001
	固定負債 7,901
固定資産 141,880	純資産 175,081

資産合計 232,984

負債合計 57,902

（単位：百万円）

●日本マクドナルドホールディングス 2020 年 12 月期 連結損益計算書

（単位：百万円）

	当連結会計年度 （自2020年1月1日～ 至2020年12月31日）
売上高	
直営店舗売上高	193,109
フランチャイズ収入	95,222
売上高合計	288,332
売上原価	
直営店舗売上原価	170,261
フランチャイズ収入原価	59,814
売上原価合計	230,075
売上総利益	58,256
販売費及び一般管理費	26,966
営業利益	31,290
営業外収益	
受取利息	123
受取補償金	547
受取保険金	349
貸倒引当金戻入額	65
受取手数料	58
その他	276
営業外収益合計	1,421
営業外費用	
支払利息	15
貸倒引当金繰入額	－
店舗用固定資産除却損	990
その他	279
営業外費用合計	1,286
経常利益	31,425
特別損失	
固定資産除却損	432
減損損失	438
特別損失合計	870
税金等調整前当期純利益	30,554
法人税、住民税及び事業税	10,140
法人税等調整額	226
法人税等合計	10,367
当期純利益	20,186
親会社株主に帰属する当期純利益	20,186

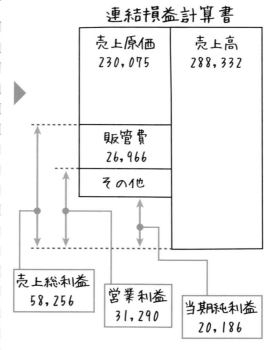

連結損益計算書

売上原価 230,075	売上高 288,332
販管費 26,966	
その他	

売上総利益 58,256

営業利益 31,290

当期純利益 20,186

4　財務分析は魔法ではない

　財務分析について、1点注意があります。それは、**財務分析は魔法ではない**ということです。

　投資先の会社が将来儲かるのかどうか、自社の改善策として具体的に何をすべきかは教えてくれません。

　財務分析のもととなる情報は会計数値ですが、**会計数値は過去の取引を記録した結果の情報**であり、いくらその数値を分析したとしても未来がどうなるかは教えてくれません。財務分析から出てくる情報は、あくまでも過去の情報です。

　その情報をもとに、将来どうなりそうなのか？　どういう打ち手が有効なのか？　を考えるのは、財務分析を行った皆さんの役割です。

　未来が見えるわけではないから、分析だけを頼りにしすぎてはいけないということだね！

　財務分析の情報をもとに、**自ら仮説を立て実行に移していく**。そして、また**新しい情報をもとに財務分析を行い、仮説の検証・更新をする**。

　財務分析は1回切りで終わらせるのではなく、継続することが重要です。

財務分析は未来が見える魔
法ではありません。
分析の結果をどう活かすか
は、我々人間の仕事です。
これを肝に銘じておきま
しょう。

02 儲かっているかどうか（収益性分析）

儲かっているかどうかは、**損益計算書**に記載されています。

4限目で学習したとおり、一口に利益といっても様々な利益があります。

利益の意味がわかっていないと判断を誤る可能性があるため、4時限目の内容は非常に重要です。

1　損益計算書の一番上の売上高がもっとも重要

そもそも売上がなければ利益を獲得することができません。

そのため、利益も大事ですが、その源となる**売上高は何より重要**です。

実際、**損益計算書の一番上には売上高が記載**されます。これは売上高がなければ何も始まらないことを意味しています。

また、売上高は顧客から受け取った金額です。売上高が大きければ、それだけ多くの金額を受け取ったことを意味します。つまり**売上高の金額は会社のビジネスの規模**を示し、**売上高の伸びは会社の成長度合い**を示すのです。

そういえば、3時限目で学習した**費用収益対応の原則**を覚えていますか？　費用というのは収益（売上）の獲得のために費やした金額でしたね。

費用収益対応の原則からわかることは、会社が費用をかける目的は売上獲得のためということです。つまり、**「会社の目的は売上獲得」**といえるのです。

最重要指標である売上高の推移には、必ず注目するようにしましょう。

なお、6時限目の**収益認識基準**で説明したとおり、総額表示を純額表示

に切り替えたことで、見かけ上の売上高が減っていることがあります。そのため、小売や商社など手数料収入が収益の柱となっている業種の売上高を見る際は注意しましょう。

また、売上高は業種によっては**「営業収益」**と表示されていることもあります。

● 日本マクドナルドホールディングスと吉野家ホールディングスの売上高推移

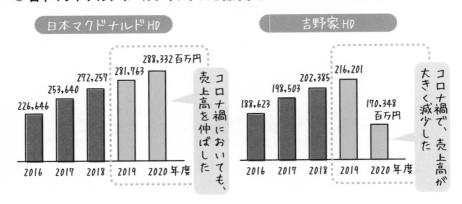

日本マクドナルドHD

| | 226,646 | 253,640 | 272,257 | 281,763 | 288,332百万円 |
| 2016 | 2017 | 2018 | 2019 | 2020年度 |

コロナ禍においても、売上高を伸ばした

吉野家HD

| 188,623 | 198,503 | 202,385 | 216,201 | 170,348百万円 |
| 2016 | 2017 | 2018 | 2019 | 2020年度 |

コロナ禍で、売上高が大きく減少した

2 本業を追いかけるなら営業利益を見る

売上がいくら大きくても、利益がなければビジネスが上手くいっているとはいえません。利益には、**営業利益、経常利益、税引前当期純利益、純利益**、と様々あります。

この中で何よりも大事なのは**純利益**です。

純利益はその会社の当期の最終的な儲けを示すので、シンプルにその期に儲かったかどうかを把握することができるからです。

しかし、純利益には、金利の影響（支払利息など）、為替の影響、減損損失、繰延税金資産の取り崩しなど、会社の**本業とは関係がない損益（いわゆる、営業外損益と特別損益）**が含まれてしまいます。

よって、純利益だけでは、本業が順調かどうかは見えてきません。

その会社の**本業の調子を見るなら営業利益**です。

　営業利益は会社の本業に関する利益であるため、営業利益の推移を見ることで、本業が伸びているのかどうかがよくわかるのです。

● 日本マクドナルドホールディングスの営業利益推移

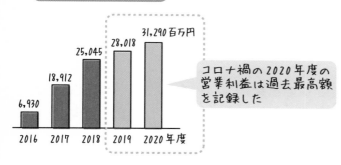

日本マクドナルドHD

31,290百万円

コロナ禍の2020年度の営業利益は過去最高額を記録した

収益性を見る

　純利益が10億円のA社と、**純利益が11億円のB社**があったとします。単純に利益額の大小を比較すれば、B社の方が儲かっているように見えます。しかし、次の情報を加えたらどうでしょう？

- ● **A社の店舗は1件**
- ● **B社の店舗は100件**

　この場合、**どちらの方が効率よく稼いでいるか**といえば、**A社**です。

　もしA社が店舗を増やした場合、あっという間にB社を追い抜く可能性が高いです。

　A社は資産を有効活用できており、**B社は資産を有効活用できていない**といえます。

　このように資産の有効活用という視点も加えてみると、単に利益額を見れば良いというわけではないことがわかりますね。

　利益額の絶対値だけでなく、「その売上や利益が、**どれだけの資産から生み出されているのか**」という視点も重要なのです。それが**収益性分**

析です。

　財務諸表でいえば、損益計算書だけでなく**貸借対照表も合わせて分析する**ことが必要ということです。

　収益性分析の主な指標としては、アールオーイー $R O E$ とアールオーエー $R O A$ があります。

ROE　自己資本利益率

　ROE（Return On Equity）を日本語にすると**自己資本利益率**です。次の計算式により算定されます。

> **ROE ＝ 当期純利益 ÷ 自己資本**

● **自己資本からどれだけ純利益が生み出されたかを表わす ROE**

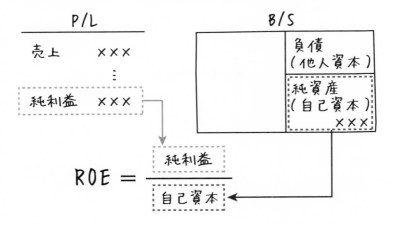

ROA　総資本利益率

　ROA（Return On Assets）を日本語にすると**総資本利益率**です。次の計算式により算定されます。

> **ROA ＝ 利益 ÷ 総資本（総資産）**
> ※ ROA の分子の利益には、営業利益または経常利益を用いる

● 負債を含めた総資本からどれだけの利益が生み出されたかを示すROA

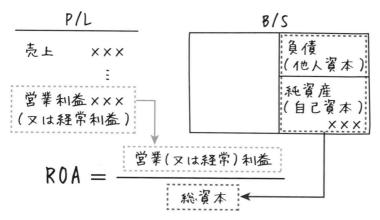

※総資本とは負債と純資産の合計のこと（資産合計と同額）

　日本マクドナルドHDでそれぞれの指標を計算してみると、次のようになります。

- ● ROE　11.5%（＝当期純利益20,186÷自己資本175,081）
- ● ROA　13.4%（＝営業利益31,290÷総資本232,984）

　ROEとROAはどちらも、**高ければ高いほど効率的に利益を生み出している**ことを意味します。

　上場企業の平均値は、ROEが5％前後、ROAが8％ですので、マクドナルドは非常に効率的であることがわかります。

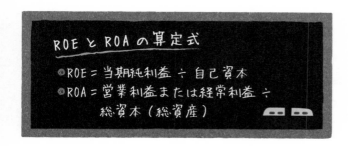

03 倒産しないかどうか（安全性分析）

1 倒産の可能性を見るなら安全性分析

　儲かっているかどうかと同じくらい重要なのは、**その会社が倒産しないかどうか**です。

　儲かっていれば倒産しないと思いがちですが、そうではありません。

　会社が倒産するのは、**借金を期日通りに返済できなかった場合**です。

　利益は発生主義の考え方に基づき計算されるので、**利益の金額と現金増加額は一致しません。**

　そのため、損益計算書上では儲かっているように見えても、実際には資金が枯渇し、倒産することもあり得るのです。

　そのため、収益性分析に加えて**安全性分析**を行い、倒産しそうにないかどうかを見る必要があります。

　安全性分析における指標には様々ありますが、本書では基本となる2つの指標をご紹介します。

2 自己資本比率 ― 純資産の割合が多いほど安全

　貸借対照表の貸方（右側）に注目した比率です。貸方のうち純資産の金額は返済義務のない金額であるため、**純資産の割合が多いほど安全な会社**といえます。

　この観点に基づいた指標が、**自己資本比率**です。

> **自己資本比率 ＝ 自己資本 ÷ 総資本**

自己資本比率が**高い会社ほど安全**と判断されます。**30％以上**あれば一般的な水準です。

● **総資本に占める自己資本の割合を示す自己資本比率**

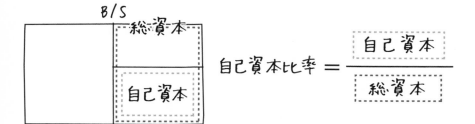

$$自己資本比率 = \frac{自己資本}{総資本}$$

3　流動比率 — 流動資産と流動負債のバランス

　安全性のもうひとつの視点は、貸借対照表の**借方（資産）と貸方（負債）のバランス**です。

　資産と負債には、流動・固定という区分があったのを覚えていますか？

　流動負債を超える十分な流動資産の金額があれば、1年以内に倒産する可能性は少ないです。逆に流動負債の方が多いのであれば、かなり危険な状態です。

　この観点からの比率が**流動比率**です。

> **流動比率 ＝ 流動資産 ÷ 流動負債**

　流動比率が高いほど安全といえますが、その目安は**150％**です。

　150％を下回っている場合には、短期的な債務の返済に問題が起き得る可能性がある状態といえます。

　マクドナルドの場合、流動比率は91,104百万円÷50,001百万円＝182％です。150％を超えており、問題はありません。

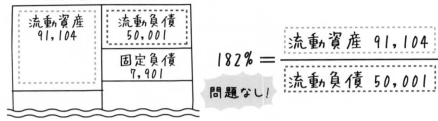

連結貸借対照表

| 流動資産 91,104 | 流動負債 50,001 |
| | 固定負債 7,901 |

$$182\% = \frac{流動資産\ 91,104}{流動負債\ 50,001}$$

問題なし！

4 当座比率－現金化しやすい資産の比率

なお、流動比率をもう少し細分化した**当座比率**もあります。

流動資産には棚卸資産（商品・製品・原材料）が含まれますが、**棚卸資産は販売できないと現金化**されません。そのため、流動資産の中では換金性が低い資産といえます。

よって、**棚卸資産を除いた比率**を用いることがあります。

それが**当座比率**です。

当座比率 ＝ 当座資産 ÷ 流動負債

※当座資産は流動資産－棚卸資産

当座比率の目安は**100%**です。マクドナルドは棚卸資産が少ないため、当座比率と流動比率にほとんど差がありません。安全性に関して、全く問題ないことがわかります。

● 現金化しやすい当座資産の比率で短期の支払い能力を見る

	当連結会計年度 （自2020年12月31日）
資産の部	
流動資産	
現金及び預金	62,741
売掛金	21,668
原材料及び貯蔵品	1,141
その他	5,562
貸倒引当金	△ 9
流動資産合計	91,104

棚卸資産

$$\frac{当座資産}{89,963} = \frac{流動資産}{91,104} - \frac{棚卸資産}{1,141}$$

$$当座比率180\% = \frac{当座資産\ 89,963}{流動負債\ 50,001}$$

問題なし！

04 キャッシュ・フロー計算書分析

1 フリー・キャッシュ・フロー

キャッシュ・フロー計算書（CF計算書）は資金の増減理由を、**営業活動**、**投資活動**、**財務活動**の3つに分ける点が特徴でした。

以下では、代表的なCF計算書のパターンを示すのですが、その前に**フリー・キャッシュ・フロー（FCF）**という概念を押さえておきましょう。

FCFとは**会社が自由に使える資金**のことです。FCFは次の計算式により算定します。

FCF ＝ 営業CF － 投資CF

例えば、営業CFが500円、投資CFが△300円である場合、FCFは＋200円（＝500－300）です。

本業で得た資金のうち、投資に回した分を差し引いた金額がFCFです。

FCFがプラスである場合、本業で得た資金の範囲内で投資を行っていることを意味するので、**健全な投資を行っている**といえます。

フリー・キャッシュフローは、
健全な投資活動を行っているか、
確認する指標にもなりますね！

CF計算書の典型的なパターンを示します。

理想パターン

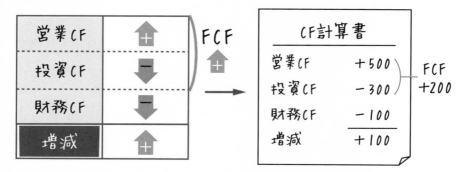

　本業で資金を獲得し、その**資金から投資活動に回し**、さらに**余剰資金は借入金の返済や株主への還元（配当金の支払）**に充てているというパターンです。

　プラスとなったFCFを銀行や株主に還元しており、理想的なCF計算書といえます。

積極投資パターン

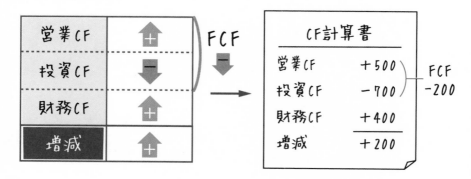

　理想パターンとの違いは**FCFがマイナス**で、**財務CFがプラス**である

という点です。

これは、「営業CFを超える積極的な投資を行っており、資金の不足分は資金調達により手当てした」ことを意味しています。

この場合、FCFはマイナスになりますが、積極投資の結果であるため、決して悪いことではありません。

より大きな成長を目指す会社の場合は、FCFがマイナスになることもあるのです。

ベンチャーパターン

マイナスの営業CFは、**本業から資金が流出し**ていることを示します。そのため、営業CFがマイナスというのは非常にまずい状態を意味します。

しかし、**上場直後のベンチャー企業の場合、営業CFが大きくマイナスになる**ケースがあります。

売上獲得よりも、ユーザーを集めたり認知度を上げたりすることが最優先となるからです。もちろん、投資は必要なので**投資CFもマイナス**になります。

足りない資金は、**銀行や投資家から資金調達**することでまかなうことになるのです。

ベンチャー企業は、売上よりも、広告宣伝費や人件費が多くなりやすいので、営業CFがマイナスになるのです。

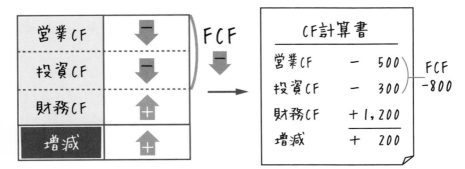

そもそも銀行や投資家は、その会社に将来性が見込めなければ資金を提供してくれません。営業CFがマイナスでも財務CFがプラスということは、**それだけ将来性がある**ことの裏返しなのです。

数年前までメルカリはこのパターンのCF計算書でした。

やばいパターン

最後に、一番危ないケースを紹介します。

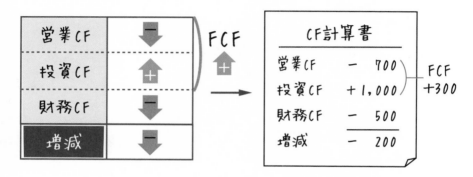

FCFはプラスになっていますが、その要因は**投資CFのプラス**によるものです。

投資CFがプラスというのは、過去に投資した資産（例えば工場）を売り払っていることを意味するため、**事業の縮小**を意味します。

本業から資金が流出し、借入金の返済も必要となっており、仕方なく資産を売り払っている状況です。

このような状況にある場合には、倒産寸前といえます。

あとがき

とうとう最後まで来ましたね！
ここまで読んでいただき、ありがとうございます！

初めての会計の勉強は、いかがだったでしょうか？

最後までたどりついたということは、きっと「よくわかって、楽しかった！」という感想を持っていただけたのではないでしょうか。
本書を読み始める前と今を比べると、ずいぶんとたくましくなったはずです。

 　　会計の基礎は、勉強したぞ！

みなさんも、ボブのように自信を持って構いません。

ただ、この1冊で多くのことを伝えてしまっています。
会計に限らず、どんな学問でも、1回でマスターできることはありません。
反復することはどうしても必要になります。
時折、本書を見返してみてほしいと思います。

本書は初心者に向けた本ということで書きましたが、一番悩んだのは、「何を書いて、何を書かないか」です。

会計はとても奥深く、1冊ですべてを伝えることは到底できません。

本当はもっと書きたいこともあったのですが、どうしても、取捨選択せざるを得ませんでした。

　もし、「○○についても、説明してほしい」など要望があれば、参考にしたいのでぜひお聞かせください。
　会計ノーツのコメント欄や、XのDMで待っています。
　もちろん、普通の感想でも大歓迎です！

会計ノーツ
https://cpa-noborikawa.net/

X（旧Twitter）
https://x.com/nobocpa

本書で会計の基礎知識・考え方は一通りお伝えしました。
本書がみなさまの次のステップにつながることを願っています。

2021年10月吉日
登川雄太

世界一やさしい 会計の教科書 1年生

2021 年 11 月 30 日　初版第 1 刷発行
2024 年　8 月 10 日　初版第 4 刷発行

著　者　　登川雄太
発行人　　柳澤淳一
編集人　　久保田賢二
発行所　　株式会社ソーテック社
　　　　　〒102-0072 東京都千代田区飯田橋 4-9-5　スギタビル 4F
　　　　　電話：注文専用　03-3262-5320
　　　　　FAX：　　　　　03-3262-5326
印刷所　　TOPPAN クロレ株式会社